旅は人生を変える

Wherever You Go

A Guide to Mindful, Sustainable, and Life-Changing Travel

ダニエル・ホートン著
Daniel Houghton
岩崎晋也訳

A&F

旅は人生を変える

二〇一九年三月四日午前五時四五分

テネシー州ナッシュヴィルの屋外は凍てつくように寒い。わたしはいま、この日一日を父母と過ごすために、ヴァンダービルト大学メディカルセンターに入ったところだ。

父のダン・ホートンは七二歳。一九四六年に、七人兄弟の三番目としてボストンで生まれた。わたしたちは今日、ここで父の手術に付き添うことになっている。

ステージ4のガンと診断されたのは八か月前のことだった。青天の霹靂《へきれき》だった。父は何日か気分がすぐれない日を過ごしていたのだが、突然、救急処置室に担ぎこまれた。そのときわたしは仕事でメキシコに、母はケンタッキーの祖母のところにいて、父はひとりきりだった。その日の終わりに携帯電話に連絡をしてきて、手術をすることになった、また電話するよ、と言った。

それから八か月が経ち、わたしたちはいまここにいる。待合室で、六時間に及ぶ手術の状況を知らせる六桁の数字など、さまざまな数値がつぎつぎに表示される画面を見つめている。

母とわたしはその情報を確認しながら、壁の近くにあるデスクで電話をプラグに差しこんで待っている。わたしは午前中、この本の文法的な誤りを訂正して過ごし、母はほかの家族に忙しくメールや電話で最新情報を伝えていた。

今回の手術では、八か月前に最初に受けた救急処置とは逆の処置をすることになっていた。ひと月ほどまえの医師の判断では、もうガン細胞は残っていないという。最初の診断からすれば、まさに奇跡だった。

わたしは数日前にここに来て手術前の処置に付き添ったのだが、それだけでもう、自分がどれほど病院嫌いだったかを思いだした。エレベーターに乗れば急に叫びだす人と遭遇するし、医師は患者に淡々と事実だけを説明しようとする。

母の電話にメールが入り、待合室内のフロントデスクに呼ばれたため、そちらに向かった。手術は午前七時に始まり、まもなく一二時三〇分になろうとしている。そろそろ新しい情報が入るだろうと待っていたところだった。

医師は、待合室の隅の「患者相談窓口」と書かれた場所に母と叔母のサリーとわたしをすわらせた。自己紹介をすると、数分前に手術を終えた手術室へとわたしたちを連れていった。

説明ははじめ、とても順調なようだった。だが医師の口調は途中で変化し、こう言った。

「残念ながら、想定していなかったことが起こりました」。さらにガンが見つかったのだった。化学療法をする必要がありますが、ヴァンダービルトにはすばらしい腫瘍医のチームがついています。希望をなくしてはいけません。

母が聞きづらい質問をした。それに対する医師の答えはわたしを一トンのレンガで打ちのめした。この一年、父の健康に関してすさまじい感情の浮き沈みを経験してきたが、この五分間の説明はそのなかでも最も厳しく、残酷なものだった。

「本人は知っていますか？」母が尋ねる。

「いいえ。ですがご家族からお伝えしていただく必要はありません。おふたりと一緒にわたしから説明します」と医師は答える。

二〇分後、母とわたしは回復室に入ることを許可され、父と対面した。意識があり、まずわたしを見てすぐに笑顔になる。「わたしの花嫁はどこだい？」

「ここにいるよ」わたしは答える。

父は母を見てため息をつき、それから泣きだした。わたしは三〇歳だが、それまで父が泣くのを見たことはなかった。長年のあいだに嫌なこともたくさん経験してきたような、濃密な親子関係だったのに。

「あなた、なぜ泣いているの？」母が尋ねる。

「ようやく終わったんだ」

心が沈み、吐き気に襲われる。悪い知らせを伝えなくてはならない。少し時間を取り、父が落ち着くのを待っていると、父は手術のことを尋ねはじめる。成功した、とわたしたちは言う。それから、母が打ち明ける。「でも、また腫瘍が見つかったようなの」。父は茫然とこちらを見つめている。麻酔でまだ意識ははっきりしていないが、その意味は明確にわかっているようだ。

母の言葉を引き継ぎ、医師に告げられたことを説明する。父はしばらく遠くを見つめて聞いていたが、やがて言う。「そんなうまい話があるはずはないと思っていたさ」

この話を書いているのには理由がある。父がわたしの人生の大きな部分を占めているのはもちろんだし、家族にとってつらい一年になった。だが、この話を紹介しようと思ったのは、このあとの出来事のためだ。

母と父の古い友人で、もう長いこと会っていなかったダイアンが、飛行機の乗り継ぎでナッシュヴィルにいた。デルタ航空で母と一緒に客室乗務員をしていた人で、父と母に会うためにナッシュヴィルに立ち寄ったのだった。

たぶん父とは二〇年は会っていなかったはずだが、すぐに、八〇年代に父と母が出会い、つきあいはじめたころの友人グループのひとりだったことがわかった。

父は話し好きなので、回復室から出て病室に戻るとすぐに面会が許可され、ダイアンがやってきて声をかけた。二〇年ぶりの友人が来ているんだから急いでくれと、父は医師たちを急かしていたのだ。

「あら、あなたはまるで変わっていないわ」ダイアンは父を見て言った。

「まあ、こんなものを着てはいるけどね」父は患者用のガウンをさわった。

彼らはそれから一時間、三〇年前の話をして過ごした。最初はよく聞いていなかったのだが、やがてどれも旅行の話であることに気づいた。

二〇一九年三月四日午前五時四五分

三人がかつて訪れた場所や、スキーをした場所、出会った人々について、覚えていることや忘れてしまったことについて。父は生涯ずっと頻繁に旅行をしていて、本書を読めばおわかりいただけるだろうが、家族旅行にも計り知れないほどの時間を費やしてきた。

しばらく話が続いたが、やがて病室は静かになった。そのとき、父は言った。「ずっと思ってたんだ。病院やナーシング・ホームのベッドで動けなくなったとき、わたしの顔には自分がしなかったことに対する後悔の皺が刻まれることはないだろう。自分がしたことを思いだして、きっと笑顔を浮かべるだろうとね」

この本はわが父、ダニエル・マシュー・ホートンに捧げられる。母とケイト、それにわたしを愛し、これまで育ててくれてありがとう。読者のみなさんは、どうか愛する人をハグしてほしい。あと何度できるかは誰にもわからないのだから。父さん、愛してるよ。

――ダニエルより

まえがき

この本を書きはじめたとき、わたしは旅が人にもたらす、数えきれないほどのよい影響について伝えられると興奮していた。旅は世界を変えるということを強く信じている理由や、その具体例のリストを作っていった。

その多くは、自分が書いていることを裏づけるために友人や同僚から聞いた話だった。ところがすぐに、自分自身の話では説得力が足りないということに気づいた。

読者には、わたしが会って話すことができた、たくさんの気づきを与えてくれる人々の話をじかに聞いてもらったほうがいい。旅先で起こるすばらしい経験を伝えるには、多くの視点からの語りが必要だろう。

そう考えて、わたしはリストを作りなおした。わたし自身の話や経験よりもはるかにうまく伝えてくれると思われる人々を挙げてみた。この本を書いたことで、この時代を生きているすばらしい旅行家と話をする機会が得られた。それを読者と共有できるのは光栄なことだ。わかりやすく編集したり、短くまとめたものもあるが、要点は変えていない。

インタビューを希望してリストアップした人の多くとは、会ったことも、接点もなかった。この本に登場するほとんどの人に、わたしはあらゆる手段を使って連絡を取った。ツイッターの公式プロフィールにメッセージを送り、Eメールアドレスに突然メールし、広報担当や対応窓口に依頼した。幸運にも、ほぼすべての人が喜んで旅の話をしてくれた。

なかには読者も名前をご存じの有名人もいるだろう。それほど名前を知られていない人も多いが、有名人にも負けないほどの物語や経験を持っている人ばかりだ。

世界（そして宇宙）中を探検することを生涯のミッションとするリチャード・ブランソン卿から、手作りのバックパックに納まり、友人に背負われてはじめてヨーロッパを訪れたケヴァン・チャンドラーまで、できれば読者には、彼らの物語に促されて旅に出て、世界のさまざまなものを見てほしい。

潜水艦や大統領専用機エアフォースワンでの旅や、巨大ヨットの船長としてリアリティ番組に出演したり、一六歳という若さで、たったひとりで世界中を船でまわった話も登場する。

それらに共通しているのは、わたしたち誰もが生きることになるたった一度の人生で、できるだけ多くのことを知り、経験したいという語り手たちの尽きせぬ衝動だ。読者が笑い、涙し、それからクレジットカードを取りだしてチケットの予約をすることを願っている。

では、よい旅を

ダニエル

目次

はじめに　旅はなぜ大切なのか

travel: 動詞。たいていはある程度遠くまで、または外国へ、旅行をすること

若きレオナルド・ディカプリオが主演した二〇〇〇年の映画『ザ・ビーチ』に、〝travel（旅する）〟という言葉の真の定義を考えるとき、わたしがいつも思いだすシーンがある。

ディカプリオが演じるリチャードは大陸をまたぐ一八時間のフライトでバンコクに着いたばかり。通りをさまよい、眠る場所を探している。世界中から来たバックパッカーでいっぱいの粗末なホステルに入っていくとき、彼はあなた、つまり視聴者に向かって、旅のポイントを話して聞かせる。

この旅に来たのは、故郷での生活よりも「もっと美しく、わくわくする、そしておそらくもっと危険な」ものを探すためだ。

「あらゆる旅人と同じく、旅は安全にしたい。アメリカにいるときのように。だが、ただひとつ残念なのは、みんながそう思っているということだ。誰もが数千マイル離れたところまで来

て、何をするかと思えばテレビを観て、自宅と変わらない快適な宿にチェックインする。それで、自分にこう問いかける……なんのためにこんなことをしているんだろう？」

もっともな問いだ。これはなんのためなのだろう。あなたにとって旅とはなんなのか。リチャードのように、なんの心配もなくビーチに腰を下ろして過ごすことなのか。計画は最小限にして、やってみずにはいられない冒険をすることなのか。それとも何か月もかけて調べ、事細かに計画したスケジュールどおりにするものなのか。あるいは旅とは、願い、してみたいと思いつつ、実際に腰を上げて出発するだけの時間も予算も出せないものだろうか。

この本を読むあいだ、読者には同じ時間を一緒に過ごしてもらうことになるから、わたしの背景について簡単にお伝えしておこう。まず、わたしにとって旅とは何か。そして、この本を書こうと思ったのはなぜか。またこの世界において旅が持つ意味を読者のみなさんに考え直してほしいと思った理由について。

わたしは生まれてからいままで、ずっと旅をしてきた。両親は航空業界で仕事をしていた。父は整備工で、母は客室乗務員だった。ふたりはデルタ航空に務めていたときに出会ったが、離れた場所で暮らしていた。父はボストンで子供時代を過ごし、一九七二年にデルタ航空がノースイースト航空を買収したときにアトランタに移っていた。母はフロリダ州のフォートローダーデールに住んでいた。一九八五年、ふたりは六か月の交際のあと結婚し、ジョージア州フェイエットヴィルに落ち着いた。アトランタから近い、快適な、成長中の郊外で、地球上で最も忙しい空港、ハーツフィールド・ジャクソン・アトランタ国際空港からわずか一三マイルの場所だった。

小学校時代、正確にいつだったかは思いだせないのだが、いちばん好きな場所について作文を書いたことがある。ほかの子供たちはみな、だいたい予想できるような答えを書いていた――ディズニーワールド、ショッピングセンター、映画館、海岸、自分の家。

わたしはというと、ずっとそこにいたいと思っていた唯一の場所を書いた。空港だ。

空港は、わたしにとってほかの子供たちの答えをすべてまとめたようなところだった。なかにはショッピングセンターがあるし、飛行機では映画が観られる。お願いすればそれに乗ってディズニーワールドがあるオーランドにも行ける。こんな場所はほかにはない！

航空会社で働く両親がいることとの大きな役得のひとつが「フリーチケット」だった。この言葉に括弧をつけた理由は、父がよく、この「フリーチケット」はまるでありがたいものじゃないと冗談で言っていたからだ。実際には、無料の航空券《フリーチケット》とはかけ離れたものだった。その仕組みを書いておこう。

航空会社の従業員は自分が働いているエアラインに無料で乗ることができる。わたしにとってありがたいことに、デルタは（株式の時価総額で）世界最大の航空会社で、当時世界のあらゆる場所への便があった。だが残念ながら、実際にどの便に乗れるかは、空席状況と勤続年数で決まった。従業員に与えられた権利は、売れ残ったか、予約者が乗り継ぎを逃したり現れなかった場合に備えて、空港で待機していることだ。

チケット料金を支払った乗客が搭乗したあと、勤務年数の長い人から空いている席に乗ることができる。子供のころは、おそらく一度もチケット料金を払ったことはないと思う。このシステムに従って、乗れる便に乗っていた。

ただし、いつもうまくいくわけではない。家族でのスキー旅行を計画しているとしよう。子供たちは大はしゃぎだ。荷造りをして空港まで車で来ると、搭乗ゲートに向かい乗客が搭乗するのを待つ。ところが、二二席空きがあることを事前に確認しておいたソルトレークシティ行きの便が、急に〝オーバーブッキング〟になったりする。あるいは、搭乗時間ぎりぎりに、目の前で乗り継ぎの集団が駆けこんできて、自分たちのチケットをふいにしてしまうこともある——そして搭乗ブリッジのドアは閉ざされてしまうのだ。


わたしが成長し、両親が年老いてくると、もっと大胆な旅をするようになった。大学時代は最高だった。父は定年退職していたが、母はデルタの定年年齢である五五歳が近づいてきたころだった。いつも待機リストのかなり上位に名前があったから、二三歳になるまで、ほとんどの便にでも乗れた。アフリカや南米、ヨーロッパへ、それにアメリカ国内の各地にも数えきれないほど無料で行った。

とくによく覚えているのは、直前に思い立ってアフリカに旅したときのことだ。大学のクラスメイトであるシェーン・ノエムは夏の休暇中、両親とヨハネスブルグに滞在することになっていた（シェーンは農園育ちで、この話から連想されるような金持ちの都会っ子ではない）。彼の弟は空軍士官学校に入学が決まったところで、一年前から計画していたこの家族旅行に参加できなかった。

インターンでフォートノックスにいたある日、わたしは彼とチャットで話をしていた。彼は冗談めかしてこう言った。「弟が来られないんだから、きみが来たらいい」。わたしはたしか、「その誘いは冗談にならないよ。ぼくはデルタ航空で行けるところならどこへでもただで行けるんだ」と答えた。

その二週間後、わたしは一五時間三五分かけて、一度乗り継ぎをしてヨハネスブルグに行った。一八歳で、ひとり旅だった。この旅について両親からは何も言われなかったが、わたしは飛行機に乗っただけでなく、ファーストクラスに無料でアップグレードしてもらった（ありがとう、母さん）。

それから三週間、わたしは南アフリカで暮らした（旅をした、ではなく）。シェーンの父はそこで仕事をしていて、ヨハネスブルグから数時間かかる巨大な複合施設のなかの一軒家に住んでいた。シェーンもわたしも写真家を目指していたから、野生動物を観察するサファリツアーへ連れていってもらった。わたしたちはツリーハウスのところで車から降ろされ、「数時間後に迎えに来る」と言われたきり、携帯電話も通じない場所でずっと過ごした。

世界中に無料で行ける期間はあっという間に過ぎていった。母は定年に、わたしは権利を使うことのできない年齢に近づいていた。大学の授業中はほとんど、この期限が過ぎたあとも旅行を続けるための手段を考えていた。

それから数年後、わたしは二四歳で、世界で最も有名な旅行会社のひとつ、ロンリープラネットの経営者になった。そうなった理由や経緯はつぎの章で説明するが、それは自分でも予期せぬ、とても大きな喜びだった。仕事で旅をすることができるのだ。

世界最大のトラベルガイドの出版社を経営していると、かなり頻繁に旅行をすることになる。四つの大陸にまたがる一二のオフィスがあり、ヨーロッパ、オーストラリア、インド、中国を定期的に訪れていた。CEOになって最初の一年で、移動距離は三五万マイルに達した。とくに忙しかったときは、二週間で地球を三回、ちがう向きにまわった。

年間におよそ二〇〇回飛行機に乗り、そのほとんどが国際便で、滞在先には二、三日しかいなかった。子供のころからの空港好きは色褪せることはなかった。

もうひとつ映画を挙げよう。二〇〇九年に発表されたコメディー映画『マイレージ、マイライフ』だ。ジョージ・クルーニーは人事コンサルタントとして他社のリストラを促進するためにいつも旅行している。この映画はさまざまな理由で、とくに心に響いた。わたしがロンリープラネットではじめに取り組んだのは事業のリストラで、それによって多くの善良な人々の仕事を奪うことになったこともそのひとつだ。
クルーニーが演じる人物が自分の人生と仕事について語るシーンがある。「旅行をしていて人が嫌だと思うもの——換気の不十分な空気、人工的な照明、ボタンを押してジュースを選ぶサーバー、それがわたしには、わが家に帰ってきたことを思いださせてくれる」。わたしにとってこれ以上に共感できる言葉はない。

リチャード・ブランソン　「七六回死にかけた」

ヴァージングループの創業者として知られるリチャード・ブランソン卿は、死の危険をくぐり抜けて旅を続けてきた。熱気球での大西洋単独横断から宇宙旅行への挑戦など、リチャードは六八歳になってもまるで衰えていないようだ。七つの大陸すべてを訪れたことがあり、現在も新しい場所へ向かい、自分の世界を広げている。

ダニエル・ホートン　旅することで、ひとりの人間としてどう変わりましたか？
リチャード・ブランソン　新しい場所を訪れ、新しい人々に会うことで、いろいろな面で心を開くことができた——それに、多くのチャンスにも恵まれたよ。マーク・トウェインはこんな短い言葉で表現している。「旅は偏見や頑迷、偏狭さを完膚なきまでに叩きのめす」。多様な文化の多様な人々と会うと、違いよりも似たところのほうがたくさんあることがわかる。そこからわたしは、ひとりでするよりも人と一緒にやったほうがはるかに多くを成し遂げられることを学んだ。職場における多様性の受容を進め、人権侵害や気候変動と闘っている大きな理由がこれなんだ。わたしたちはこの惑星と人類を大切にしなければならない。

ダニエル　自分の国から出たことのない人に、旅をする理由として何を伝えたいですか？

リチャード　人生の美しさはとても知り尽くすことができないほど多い。そして人はいつまでも学び、探求することができる（わたしは六八歳になっても、相変わらず新しいやりかたを見つけている）。だが自分の国から出たことがないと、自分がすでに知っていること以外、何も知らないというリスクを冒すことになる。進歩やイノベーションは、境界を押し広げ、新しいことを経験し、つねに問うことで生まれる。コンフォート・ゾーン（快適な場所）の外へ出て、新しいことをやる――それは間違いなく、楽しい冒険になるよ。

ダニエル　世界観が最も変わったのは、どの旅行のときでしたか？

リチャード　わたしの人生や世界観を決めた瞬間はたくさんある。けれども、わたしという人間を形成するうえで、成功よりも失敗のほうが大きな力を及ぼしたことは間違いない。わたしは冒険の世界でいくつかの世界記録に挑み、世界ではじめて大西洋と太平洋を熱気球で横断した——だが、世界一周の挑戦はうまくいかなかった。事故で燃料が切れかけて、太平洋の真上で猛烈な向かい風のなかで進まなくてはならなくなった。不時着したら、救出される望みはかなり低い——その可能性は五パーセントくらいと判断した。着水して運命を受けいれるか、それとも北米に向かって飛ぶか、ふたつにひとつだった。この経験がすばらしいことを教えてくれたよ。絶対に諦めるな、ってことをね。

ダニエル　ひどい失敗をした旅行のことを話してください……どうやらこれがこのインタビューのテーマのようですね。

リチャード　いくらでもあるさ——わたしは新しいチャレンジや冒険が大好きだから、さんざんひどい目に遭ったよ。『Finding My Virginity』〔二〇一七年刊、邦訳なし。旧版の『Losing My Virginity』には『ヴァージン―僕は世界を変えていく』（植山周一郎訳、阪急コミュニケーションズ刊）がある〕という自伝で、わたしは死にかけた七六回の経験を挙げている。それに去年は、モンブラン登山中に危うく命を落とすところだった。ヨーロッパ中を二〇〇〇キロにわたってサイクリングやシーカヤック、ハイキング、登山をしてまわる、ヴァージン・ストライブ・チャレンジというチャリティイベントでのことだった。息子のサムや甥のノアと少人数のチームで山のなかにいたとき、大規模な落石で、上から小型車くらいの岩が落ちてきたんだ。これまでいろいろなチャレンジをしてきたけど、自分と息子、それにチームメイトの命を失ってしまうかもしれないという恐怖を感じたのははじめてだった。しかも、すべてはものの数秒の出来事だった。けれどもそんな経験にもめげず、翌日に山頂に到達した。チームはみな、信じられないほど誇りに感じ、意気が上がったよ。

ダニエル　子供のころ、いちばん行きたかったのはどこですか？

リチャード　子供のときに月面着陸を見てからずっと、驚異の念を持って空を見上げていた。宇宙飛行士になるのが夢だった。宇宙旅行ビジネスのヴァージン・ギャラクティックという会社を作ったのは、アポロ11号の月面着陸を見たからだ。この会社がこれまでに二度宇宙飛行を成功したことはこの上なく誇らしいことだし、宇宙に行くことに、最高に興奮しているよ。

I

船の上でよろけずに歩く

快適さは進歩の敵

ウェスタン・ケンタッキー大学四年のとき、新聞記者になって三〇年仕事をするという計画には致命的な欠陥があり、実現はかなり難しいということに気づいた。

わたしにとってフォトジャーナリズムは何より大切なものだったから、落胆は大きかった。自分が上手にできることはそれしかなかった。実はわたしは数学も理科も、化学も地理も綴りも、とにかくすべての科目があまり得意ではない。写真は目に見えるから、わたしでもどうにか理解することができた。

フォトジャーナリストの最も楽しい点は、たくさんの人に会えることだ。記者はいつも新しい取材のために出かけ、新しい出来事を探している。ただし、楽しくわくわくするようなことばかりではなく、気詰まりで困難な場合もある。つらい思いをしている人や、悲惨な出来事に遭った人にカメラを向けなくてはならないこともあるからだ。

フォトジャーナリストはあらゆる社会的立場の人と近づくことができる。わたしにとって、有名人や政治家、スポーツ選手、そして自然災害に遭った人々の写真を撮ることが世間話の訓練になった。どうすれば誰とでも、できるだけ早く気楽に話ができるかを学ぶことができた。

単位を揃えて卒業したあとも、大学のあるケンタッキー州ボーリンググリーンに残ることにした。そして何を仕事としてやっていくかを考えた。

卒業してはじめての仕事は、近くにある小さな広告会社でのものだったが、そこには自分の未来はないことはすぐにわかった。会社におかしなところがあったことに加え、自分でクライアントと直接仕事ができるのに、業務委託された写真家として働く意味はまるでないように思えた。

　撮影でとくに不本意なことがあったあと、わたしは当時の上司に猛烈に長いEメールを書いて改善を要求した。クライアントのプロジェクトに自分のノートパソコンを使うのはおかしいのではないか？　すべて自分のカメラ機材を使って仕事をし、それに対して一時間四〇〇ドル請求されているのに、最低賃金すれすれの給料しかもらえないのはおかしいのではないか？

　こうした要求を上司に向かってするというのは一般的なことではない。でもわたしには失うものはなかったし、会社はかなり混乱していた。さらに、医療保険の支払いを免れるため、わたしの労働時間は意図的に週三四時間半に抑えられていた。だがわたしがそこで働いていたのは、医療保険のためというのがかなり大きな理由だったのだ。

　予想どおり、抗議のメールはよい結果をもたらさず、つぎの日に退職届を提出することになった。

　会社の建物を出るまえに、グラフィックデザイナーやアートディレクターと話をした。彼らはわたしが正しい選択をしたと認めてくれた。会社はおかしなことになっているし、嫌な思いをしないためにも辞めるべきだと言ってくれた。

　だが上司は納得していなかった。彼はこれまでに仕事をしたすべてのクライアントに、退職することとその理由を伝える電話をかけるようわたしに命じた。それはこれまでの人生のなかでもかなり気まずい電話だった。ところが上司の意図に反して、ほとんどすべてのクライアントが、これからも自分のところの写真の仕事を続けてくれるかと尋ねた。なんのあてもない退職だったが、これで少なくとも仕事は確保できた。

アートディレクターに、独立して仕事をするためにロゴを作成するのを手伝ってほしいと頼んだ。そんな予算はなかったのだが、彼の腕前はよく知っていたからだ。たしか三〇〇ドルで引き受けてくれたと思う。

ロゴが制作されているあいだに、わたしは通りを渡って郡書記官事務所へ行き、ドットという女性に一一ドルの小切手を書いて渡し、開業の手続きをした。

彼女はどんな種類のビジネスを始めたいのかと質問した。答えに詰まっていると、いくつか選択肢を示してくれた。いちばん安くて簡単なのが個人事業主になることだったので、そのための書類を書いた。屋号をどうするかと訊かれ、ほかに何も思いつかなかったので、ホートン・マルチメディアと答えた。

その日の午後には、誇らしく思いながら自転車で家に帰った。いまやわたしは起業家なのだ。とりたてて興味深い依頼主が来るわけではなかったが、仕事をくれる人々のことは大切にした。それから数か月、稼ぐために銀行の建物のなかや求職者の顔写真、それに町の知りあいの赤ちゃんの写真まで撮った。

わたしは手当たりしだいに人に連絡し、誰彼かまわず会った。

そのときは持ち家ではなく、多くの人と同じように家賃を払わなくてはならなかったから、仕事は選ばずに引き受けた。しゃれたウェブサイトを作ると、依頼はだいたい途切れることなくやってきた。

そうした仕事のひとつに、地元の小さな家具メーカーの会社説明動画の撮影があった。その会社は自社製品がすべてアメリカ製――つまりケンタッキー州ボーリンググリーン製――であることを誇っていたが、それを多くの人に知ってもらう宣伝材料がほとんどなかった。

その会社の社員だった学校時代の友人、ダラスからの依頼で、四、五分の動画を作った。たしか料金は二〇〇〇ドルだった。見積もりはもっと高かったのだが、先方の予算がそれしかなかったのだ。その代わりに、わたしはショールームにあった、中庭用のテーブルセットを頂くことにした。

ダラスとわたしはビデオの撮影を始めた。これほど高い料金で引き受ける仕事ははじめてだった。手に入るかぎりの機材を用意して仕事に取りかかった。

撮影の日には、工場に入り、組立ラインを撮った。

そんなある日、電話が鳴った。相手はデイヴィッドと名乗り、わたしのウェブサイトを見て作品のファンになった、できれば今後のプロジェクトについて話をするために彼のところに来てほしいという。

ミーティングは翌週の木曜に決まった。わたしはただの顔合わせのつもりだった。

当日、その住所まで車で向かった。着いた先は民家だった（とても立派な家だった）ので少しまごついた。オフィスを訪問するのだと思っていたからだ。デイヴィッドが出てきて、招き入れた。それから二時間ほど彼と、もうひとりバディという男と話をした。

わたしに何をしてほしいのかについて、彼らは詳しく話さなかった。ただ、わたしがそのころウェブサイトに載せていた作品を観て、その話がしたいとのことだった。制作に何人必要だったかとか、どうやって撮影したかなど、彼らはたくさんの質問をした。わたしは動画配信サービス、ヴィメオ［Vimeo］の自分のアカウントから動画をいくつも見せた。当時そこに入れてあったのは、プロの写真家としての仕事や趣味の動画、それに代表的な作品に、ある晩ビールを飲みながら音楽をつけたデモ映像などだった。

そのなかでいちばん気に入っていたのが、「The Beauty of Digital Film／デジタル・フィルムの美」というタイトルの動画で、いまでもヴィメオで観ることができる。彼らはそれを面白いと思ってくれたらしい。

その数週間前、仕事を辞めたころ、祖母が地下室を掃除する手伝いをしていて、古い映像が入ったフィルムを見つけた。ジョン・F・ケネディが大統領だったころから誰の目にも触れていないと思われる代物だった。

それが収められていた棚の近くに、祖父が一九四〇年代から一九六〇年代にかけてホームビデオを観るために使っていたプロジェクターがあった。

興味を惹かれ、わたしはその機器をつなぎ、照明をすべて落として映像を流した。映しだされたものに、わたしはくぎ付けになった。それは一九五〇年代の映像で、母とそのきょうだい総勢六人が、祖父母が四五年間住んでいた家の外で遊んでいた。それまで、子供のころの母が映った動画はおそらく見たことがなかったし、古いプロジェクターに何かを映したこともなかった。

わたしはすぐに、どうにかしてこの映像をデジタル化し、自分のコンピュータで見たり、編集できるようにしようと決心した。思いついたのはかなりアナログな方法だった。ビデオカメラをプロジェクターの前に固定して、画像の端をざっと切り取り、照明を落として、できるだけ近くから撮影した。そうやって、そこにあった映像をすべて取りこんだ。

わずか一二分ほどの、いまやデジタル化されたその動画を自宅に持ち帰ると、映像編集ソフトに取りこんで音楽をつけた。映像に音を入れて編集することには慣れていた。iTunes で見つけた映画のサウンドトラック用の曲を購入すると、映像にぴったりだった。

それはわたしが作った最高の作品になった。家族の映像だが、誰が見ても郷愁がこみあげてくるだろう。バディとデイヴィッドもそうだった。

ミーティングのあいだに、わたしはいくつかのことに気づいた。第一に、彼らといるのは楽しかった。作品を褒められるだけでも嬉しいことなのだが、彼らはさらに、わたしと仕事をしようとしているのだ。

第二に、わたしはそのときになっても、彼らがどんな仕事をしているのかも、わたしに何をしてほしいと思っているのかもわからなかった。わたしに何ができるか——何を撮影し、どう編集するか——を質問するばかりだった。

二時間ほどで、わたしは玄関から外へ出て車に乗り、エンジンをかけた。バディが後ろから走ってきて、窓を下ろすように身振りで示した。

「もうひとつ聞きたいことがある」

「どうぞ」

「給料をいくら出したら、フルタイムで働いてくれるか知りたいんだ」

まだ業務内容すら知らない段階でそんなことを言われても理解できるはずがない。それで、わたしは彼を見て言った。「答えようがありませんよ。ぼくに何をしてほしいのかまるでわからないんですから」

「オーナーが来週きみに会いたいと言っている。きみがまた来てくれるなら。もう少し話してもいいんだけど、希望の給与額を知らないと、実際に話を進められるかどうかわからない」

わたしは〝どっきりカメラ〟がどこかから現れるのではないかと思った。何をするのかわからない仕事でいくらほしいかと問われているのだ。

頭のなかですばやく計算して、大学で学生新聞のアドバイザーをしている分の給料と、その年予定していた仕事を合わせて、たぶん収入は年額八万ドルになるだろうと考えた。いまから思えば、仕事を始めた一年目で、実際には四万ドルも稼げたかどうかわからない。正直に言って、経費を除けばたぶん無理だっただろう。

わたしはバディを見て言った。「答えにくい質問だし、最終的な返答じゃありません」。相手の想定をはるかに上まわってしまった場合に交渉の余地を残しておきたかった。「いま言えるのは、ほかの仕事を辞めるには八万ドルは必要になるということですね」

彼は微笑んだ。「わかった」。そして立ち去りかけた。

わたしは彼を見て言った。「ぼくはあなたたちが何をしているのかまるで知りません。来週どんな準備をしてきたらいいのかも……」

彼は微笑んで答えた。「わたしは三〇年大学で働いていた。きみもたしか、大学で働いているんだよね」

「ええ」

「間違いなくこっちのほうがいい仕事だよ。でも、いまはそれ以上のことは言えないんだ。電話を待ち、こちらから来週のミーティングについて連絡したら来てほしい。きっと楽しいよ」

バディは立ち去った。

車で家に帰るときも、まるでわけがわからないままだった。正直なところ、その誘いを本気にはしていなかった。とてもいい人たちであることはたしかだ。だが、何をするのかを知らせずに人を雇おうとする理由はまるで理解できなかった。しかも、知りあってからまだ数時間しか経っていないのだ。

四、五日後に、本当に電話がかかってきた。デイヴィッドは、翌日の午後一時に来てほしいという。

つぎの日、わたしは少しだけきちんとした格好をした。最初のミーティングはジーンズにTシャツだった。仕事の面接みたいなものだから、少しはプロフェッショナルらしく見せるべきだと思ったのだ。ロビーに入ると、ビルという初対面の人物が近寄ってきて、わたしの手を握った。

彼は挨拶をすると、オーナーのケリー氏に紹介したいと言った。オーナーとはどんな人物なのだろうと思いながら、わたしはロビーですわって待った。数分後、ケリー氏は廊下の向こうから歩いてきて、わたしと握手をした。「上にあがって、少し話さないか?」

わたしたちは広い部屋の美しい革張りのソファに腰を下ろした。ケリー氏は、わたしがデイヴィッドとバディに見せた作品を観てとても気に入った、面談の時間を設けてくれてありがとう、と言った。

わたしは自分のことやそれまでの仕事、通っていた学校、今後の仕事の展望について話した。彼はメディア業界について、少し掘り下げた話をした。それはおおむね、テレビ局やその規制機関は怠惰で、誰も見ようとしないひどい番組を垂れ流しているという内容だった。

わたしたちは二〇シーズン目に入った『サバイバー』や、セレブ家族であるカーダシアン家の日常を映した番組について冗談を言った。二〇一一年には、オンデマンド配信の仕組みはあったもののまだ始まったばかりで、番組のレベルはおおむね低かった。わたしたちは今後起こるメディアの変化について話しあった。彼によれば、ストリーミングが主流になり、視聴者が好きな場所で好きなものを選んで観られるようになれば、既存のメディアは取りのこされる。

それには完全に賛成せざるをえなかった。わたしは彼に、大学で四年間フォトジャーナリズムを学んで卒業したが仕事はなく、ビジネスモデルも確立していないということを話した。番組制作は、家具メーカーのビデオを撮るよりもかなり面白そうだった。

メディア事業に参入するタイミングを何年も窺っていた、と彼は言った。さまざまなメディアがデジタル技術で統合される〝メディア・コンバージェンス〟はもう一〇年前から話題になっていたが、その実現は遅く、進んでいなかった。

無知だったわたしは、なぜそんな混乱した業界でビジネスを始めようとしているのかを尋ねた。

参入する最善のタイミングは、状況が流動的で、人々がその答えを求めているときなのだと彼は答えた。そんなときこそ新しい状況を生みだすチャンスだ。わたしは納得した。

ミーティングの最後に、彼は言った。「きみの希望額は聞いているよ。わたしとしてはきみに来てほしいと思っている。基本的に、きみはこれまでどおりのことを続ければいい。だが、どこかで仕事を探す必要はない。きみが加わってくれたらかなりうまくいくだろう。八万ドルという額を聞いているが、八万五〇〇〇でどうだろう」

わたしはためらうことなくイエスと答えた。いま振りかえると、それは思ったほど危ない賭けではなかった――そのために諦めたものは何もなかった。わたしは二一歳で、自分でメディア・ビジネスを始めてまだ九か月しか経っていなかった。

申し出を受けいれ、ケリー氏の手を握り、自分がいま交わした契約はどんなものなのかと思いながら外へ出た。わたしはコンテンツ制作の仕事に就けることに興奮していた。それこそわたしがやりたかったことなのだ。

二週間ほどして仕事を始めた。そしてそれから九か月、ケリー氏のプロジェクトを支えるためにあらゆる努力をした。

バディとデイヴィッドとわたしはよい仲間になった。わたしはさまざまな場面で力になった。写真撮影やデザイン、コンピュータなどに関連したことならわたしが引き受けた。

ケリー氏とわたしはそれからさらに一年ほど、すばらしいコンテンツを作るという目標に向かってコンセプトを煮詰めた。たがいに別の州に住んでいたから、毎日会うわけではなかった。だが彼は一日一回、あるいは一日おきに電話をしてきて、新しい課題を与えた。

必然的に、わたしはメディア業界やコンテンツ制作にまつわるあらゆることに手を出すことになった。手っ取り早く表現するなら、わたしは最初の一年半、彼のアシスタントとして駆けずりまわった。

新しい仕事を始めて一年後、わたしはテネシー州ナッシュヴィルの郊外にあるフランクリンという町に引っ越した。このときには、会社の従業員は二名になっていた。わたしと、雇われデザイナーのアダム・ムーアだ。アダムは妻と一緒にコロラド州からナッシュヴィルに引っ越すことに同意し、新しいオフィスにやってきた。

アダムとわたしは最初に数か月かけてスタッフを揃えた。動画編集者や数人の編集アシスタントを雇い、オフィスを設計しなおした。ケリー氏はインテリアに鋭い感覚を持っていて、新しいオフィスについて具体的に指示を出した。

それからまもなく、わたしたちはニューヨークへ行き、マイケル・ローゼンブルームに会った。初期のリアリティ番組『Trauma: Life in the E.R.／トラウマ　ERのなかの命』などをプロデュースした著名人だ。またNY1やニューヨーク・タイムズ・テレビジョンの設立に関わっており、BBCの顧問でもあった。

マイケルはわたしたちに、世界中のあらゆる報道機関がまるで間違った方法でコンテンツを集めていると語った。ニュースの賞味期限は二四時間しかないのに、大勢の人員、スタッフ、大きくて重たいカメラがなぜ必要だというのか。むしろ自分で撮影して編集できるように、できるだけ多くの人を訓練すべきだ。彼はこうした考えを人々に伝えていた。

マイケルはわたしたちの顧問になった。彼は本当に敬服すべき人物だった。経歴のすばらしさに加え、とても楽しい人物だった。彼とケリー氏とわたしはとても良好な関係を築き、新しいメディアを立ちあげるために働いた。

一年目には、わたしたちが好きな企業、買収したい企業、そして膨れあがっていくわが社の動画コンテンツの潜在的な買い手のリストをケリー氏とともに何度も作った。そしてそれを、食品、冒険、野生動物、旅行など、いくつかのカテゴリーに分けた。

旅行はいくつかの理由でとても重要なカテゴリーだった。まず、独断的でも政治的でもないところが気に入っていた。旅をしたい気持ちは誰でも持っている。さらに、二〇一一年に放送されていた旅行番組はひどいものばかりだった。わたしたちは冗談で、旅行チャンネルには幽霊やタトゥー・アーティストの番組しかないと話していた。サマンサ・ブラウンが世界中の人々の日常生活を紹介してくれた時代ははるか昔に過ぎ去っていた。

ロンリープラネットがリストアップされた時期や経緯、それにそのこととつぎの出来事との関係はよく覚えていない。ただ自分の iPad で撮ったロンリープラネットの記事がまだ残っているから、ケリー氏に送った書類にロンリープラネットが含まれていたことはたしかだ。そのときはテレビ番組のエピソードとして記事を使うことを考えていた。

あるとき、わたしの知らないうちにマイケルがＢＢＣ（そこでは彼の妻リサが長年働いていた）に電話をしていて、ミーティングをすることになった。わたしは興奮した。マイケルとリサとわたしはロンドンへ向かい取締役たちと同席した。そこで早速ロンリープラネットについて質問した。ＢＢＣは数年前にロンリープラネットを買収したが、傘下の旅行書ブランドに転換しようとして苦戦していた。その後の世界金融危機も状況を悪化させていた。

わたしが望んでいたのは、ロンリープラネットのテレビ番組を作ることだけだった。だからケリー氏から買収の可能性について聞いたときは、どう考えればいいのかわからなかった。

それが実現したら、メディアやコンテンツを離れてさまざまなプロジェクトに取り組んできたこの一年の仕事にけりをつけ、ようやくコンテンツを作ることができる。わたしはそもそも、そのためにケリー氏と契約したのだ。

それから一二か月、わたしはＢＢＣとさまざまなミーティングをし、取引について話しあった。あるとき、彼らがナッシュヴィルに来てわたしたちのメディアを視察することになった。

ケリー氏との仕事ではいつも、スピードが問題になる。締切に間に合うように仕事をするだけでは不十分だ。あらかじめ詳細に決まっていることなど何もないからだ。ＢＢＣの件はまさにその典型だった。

ミーティングを三週間後に控えたあるとき、ケリー氏はわたしのそばに腰を下ろし、オフィスのデザインを変えたいと言いはじめた。おまけに、一一〇〇平方メートルもある本部オフィスの壁すべてを塗り替えるという。まだ従業員は四、五人しかいなかったころだ。いくつかの部屋はカーペットを剥いで床を堅木のフローリングに替え、大量の什器を差し迫ったミーティングまでに用意しなければならなかった。

彼はその直前まで用事で町を離れることになっていた。それまでに模様替えをしておくことになったのだが、それはわたしが想像した以上に大変なことだった。

経済危機の影響はアメリカ全土に及び、住宅市場は低迷していたのだが、どういうわけかテネシー州フランクリンは例外だった。建設や開発が続けられ、すぐに請負業者を手配するのはかなり難しかった。

引っ越してきたばかりの町で、塗装業者、フローリングの専門家、電気技師、配管工、床の張り替え業者、そして乾式壁の業者を見つけ、三週間以内に完成させることを想像してみてほしい。

アダムも加わり、業者を探してさんざん電話をかけ、料金を調べてリストを作った。ばかげた心配だと思われるかもしれないが、BBCの幹部がテネシー州の小さな町へやってきて、新興のメディア企業であるわたしたちのオフィスを訪れ、ロンリープラネットを売却しようとしている相手を見定めようとしているのだ。

リストができると、ケリー氏に電話をして予算を認めてもらい、それから自分でできるかぎり現場監督を務めた。業務遂行において大切なものは三つある。時間とクオリティ、コストだ。だが昔から知られる真理のとおり、たいていはそのうち二つまでしか揃わない。安価で速く質のいい職人を見つけることはまずできない。短時間で良質な仕事を求めるなら、それは高くつくのだ。

安く、あまり予算がかからないことがわたしたちのとりえだった。どんな仕事をするときも、一般に考えられている何分の一かの予算で物事を成し遂げてきた。それが昂じて、そこに誇りを持つようにさえなっていた。

予算をかけないことを絶対的な条件に、こちらの予算額以下に抑えてくれる業者を探そうとした。予算を押し上げていたのはフローリングだった。三週間で二八〇平方メートルの床の堅木を測定、輸送、配達、設置、そして完成させるのはそもそも不可能だった。

ケリー氏からケンタッキー州の倉庫に使える堅木があると言われ、アダムとわたしは車で移動し、ふたりで一度に数本ずつ荷台に積み、テネシー州まで運んだ。

このときの塗装業者には、のちにロンリープラネットで設備保全をしてもらうことになるのだが、彼の知りあいのフローリング業者を雇った。堅木のフローリングは床の下張りに打ちつけるのに空気圧ネイルガンを使用するのだが、この業者はそれを持っていなかった。あるのは木材に手で釘を打ちこむハンマーだけだった。

オフィスは建物の二階だった。一階ではラジオ番組の収録をしていたため、日中は絶対に音を立てることはできなかった。しかたなくアダムとわたしはそれから三週間、夜間に交代で現場監督をすることになった。まだテネシー州に引っ越していなかったので、会社から数ブロックのコンドミニアムに泊まり、週に一度くらいアダムと一緒にケンタッキー州に戻るという生活を続けた。

わたしが建築現場の当番をしていたある夜、フローリング用の工具が壊れ、作業が中断した。わたしは立ち尽くし、フローリングがまだ入っていないメイン会議室を見つめた。七日後にそこで、BBCとのミーティングが行われることになっている。大変な事態だ。どうすれば作業を間に合わせられるのか。

翌朝、ロウズ・ホームセンターが開店すると、業者とそこで待ちあわせ、自腹で工具を買って与えた。たぶん彼は自分で買う資金を持っていなかっただろうし、わたしのほうはさらに何時間も現場が止まってしまうのは避けなければならなかった。

それから数日、作業は急ピッチで進められた。予定に遅れるかもしれないという恐怖と、長い夜を手持ち無沙汰で過ごさなくてはならない退屈さもあって、アダムとわたしは作業に参加し、フローリングを敷き詰め、ハンマーで打ちつけ、一枚ずつ堅木を固定していった。

乾式壁の業者を見つけるのも難しかった。アトランタに住んでいた父との電話で、よい業者が見つからないと言うと、父はすぐにトラックに乗って五時間かけてナッシュヴィルにやってきた。二日間かけて乾式壁を建て、オフィスまわりの修理や仕上げをしてくれた。

BBCとのミーティングを翌日に控えた晩、アダムとわたしはまだニワトリのようにせわしなく準備に駆けまわっていた。ケリー氏は翌朝、ミーティングの少しまえにオフィスに来ることになっている。ふたりとも仕事の進行具合にけちをつけられることを恐れていた。

わたしはその前日にテネシー州の新しい家に引っ越していた。そのあいだにアダムはインテリア雑貨店のホビー・ロビーで絵画やポスターを買い、オフィスらしく調度を調えた。ミーティングの朝、五時ごろ車を運転していると、スピード違反の切符を切られた。幸先のよくない出来事だ。

アダムはまたわたしよりも早く、日が昇るまえにオフィスに来ていた。なかに入ると、彼はロビーに立っていた。オフィスはまるで見違えるようだった。彼がどれくらいの時間そこで過ごしたのかはわからない。おそらく徹夜でさまざまな仕上げをしていたのだろう。

すぐにケリー氏が来て、すばやくオフィスを歩きまわって仕事をチェックして言った。「すごいじゃないか」

助かった。

「実は、間に合わないんじゃないかと思っていました」とわたしは言った。

「わたしはこの半分もできるとは思っていなかったね」彼は笑みを浮かべて答えた。

ジェームズ・マクブライド

まずは財布を取りだしてほしい。これから紹介するのは、有り金をはたいてでも行きたくなるような場所だ。目的地はインド洋に浮かぶ世界第一位のホテル。ジェームズが友人のクリス・バーチとともに二〇一二年に建てたニヒ・スンバだ。

近年では「ブルームバーグ・ビジネスウィーク」によって〝注目すべき〟五〇人に、また「ホテル・マガジン」誌からは〝世界の独立系ホテル経営者〟にも選ばれているジェームズ・マクブライドは、二五年のキャリアを持つ、世界に名だたるホテル経営者だ。尽きることのない創造性と賢明なマーケティングの手腕、そして最高の経験を提供するホテルで知られ、サービス業界の水準を引きあげつつ、独創的なアイデアや競争力の高さで業界を牽引してきた。

ダニエル・ホートン　時間を割いていただきありがとうございます。ご自身について、これまでの人生、またどうして旅を始めたのかを教えていただけますか?

ジェームズ・マクブライド　わかりました。ジェームズ・マクブライドです。一九六四年に南アフリカ共和国のプレトリアで生まれました。いいことずくめではないにせよ、子供時代を過ごすにはいい場所でした。一一歳のとき寄宿学校に入りました。入隊して二年過ごし、それからホテル学校に進学し、ロイヤルホテルに勤めました。南アフリカで最高のホテルでした。厨房に入りましたが、仕事は楽しかった。いつも働いていました。一九八七年に休暇でアメリカに渡り、バックパックを背負って旅してまわって、それから仕事を探しました。

わたしはとても恵まれていました。祖父は南アフリカで狩猟動物を育てる牧場を経営していました。だから子供のころから低木地帯に入りこみ、火を焚いて料理をしていました。父の従兄弟がカリフォルニア大学デービス校にいて、ライオンの群れについて論文を書いていました。この群れに、はじめてアルビノではない純粋なホワイトライオンが二頭生まれたことがありました。けれども結局のところ、密漁者に狙われるのを恐れて残念ながら動物園に引き取られました。

わたしは一九八八年に、まだ設立六年目のリッツ・カールトンに入社しました。香港、シンガポール、クアラルンプール、そして一九九九年にアメリカに戻ってワシントンＤＣでの開業に携わりました。その後ハーバード・ビジネス・スクールのエグゼクティブ向けのコースにいたとき、ちょうどワシントンＤＣでのリッツ・カールトン・ホテルの開業が題材になりました。

ダニエル　それはすごいですね。わたしは去年エグゼクティブ向けコースに通ったのですが、すばらしかったです。

ジェームズ　すごい経験でした。二〇年経ったいまでも題材になっていて、少しお手伝いしたこともあるんですよ。

わたしは以前から窯で焼いたパンが好きで、そこからヒントを得てファイヤーハウスというレストランを開きました。最初にワシントンＤＣでオープンしたときは、まわりにも新しいレストランがたくさんありました。だから休まず働いて、世界中を旅して、それでようやくいまのように夢を叶えました。

ダニエル　ニヒ・スンバについては、どういった点をアピールしたいですか？

ジェームズ　あのホテルをつくることは予定になかったんです。友人でビジネス・パートナーでもあるクリス・バーチが……妻のトリーと離婚したとき、カーライル・ホテルで会いました。クリスは夫婦でブランドを立ちあげていましたが、ずっとわたしと一緒に仕事をしたいと言ってくれていたんです。わたしはそのときシンガポールの巨大コングロマリット、ＹＴＬの社長でした。

クリスから電話で、「売りに出ている土地がある。見に来るかい？」と言われました。それまでスンバ島のことは知らなかったので、行ってみました。木曜日に現地に入り、その日のうちに戻ってきました……バリ島から出発するチャーター機は一台しかないんです。視察のとき、少しアフリカを思いだしました。美しかった――そしてバリ島よりもはるかに広く、ジャマイカくらいあり、自然が豊富でした。住民がまだ剣を身につけて暮らしているキリスト教徒の島です。リゾート施設はないのに、最高の波があって、常連がついていましたね。ただそのときは、いい土地だけれどビジネスをしたいとは思わないと答えました。

クリスは乗り気でした。彼の子供たちはサーフィンが好きだったので。それでわたしも商談につきあいました。わたしは年に四回ほどスンバに行って、条件交渉などもしていたけれど、まだ本気ではなかった。その場所の本当のすばらしさに気づいたのは、たしか二〇一三年でした。クリスは三五〇〇万ドルを用意して、最高の立地に見合った施設を造りました。それと並行して、スンバ基金を設立し、子供の教育や貯水タンク、マラリアの根絶（いまでは罹患率が九五パーセント減少しています）などの活動を行いました。基金に関わる費用はすべてクリスが引き受けました。また基金はすべて直接それらの活動に使われています。

他社のＣＥＯからは、完全にわたしの頭がおかしくなったと思われていたようですが、しだいにホテルは成功を収め、称賛されるようになりました。史上はじめて、二年連続で（二〇一六年、二〇一七年）世界一のホテルにも選ばれています。二〇一七年には取材数もトップだったはずです（きちんと調べたわけではありませんが、たぶん間違いありません）。「デパーチャーズ」誌の表紙に何度も載り、ほかにもたくさんの雑誌やテレビで紹介されました。インスタグラムを始めたのは二〇一三年です。現在大きな力を持っているインフルエンサーの多くが、そのころはまだ無名でした。でもわたしはジェレミー（・ジョーンシー。ビューティフル・デスティネーションＣＥＯ）をはじめ多くの友人を作り、ともに成長してきました。全員で楽しみ、誰も落胆させませんでした。たくさんのチャンスを与えてもらったのは、クリスとわたしが世界的な視野を持ってビジネスをしてきたから——そして、わたしにホテル業界での長い経験があったからです。気がつけばあっという間に、このすばらしい場所にたどり着いていました。それはうわべだけではない本物です。そのような自然に触れることは（これがわたしたちの売り文句です）強烈で、まさにかけがえのない経験になります。それから、スパ——それ以上に何を望むでしょう――は世界にふたつとない理想的な施設ですが、あくまで自然を生かしています。

ダニエル　ええ。

ジェームズ　すべて有機的に自然に、マニュアルも計画もなしに起こったことなんです。この成功は、人々の心に触れ、理解されたことによるところが大きいと思っています。いま求められているのはそのことです。虚飾ではなく、ふさわしい贅沢さが求められているのです。わたしはエコによるブランディングはあまり好きではありません。正直なところ、ナンセンスだと思っています。

ダニエル　賛成です！

ジェームズ　水圧の弱いシャワーとか、一週間を一枚のシーツで過ごすとか。思うに、大切なのはそれぞれの環境に合っていることです。状況にかなったやりかたで環境を保存すること。責任を持つべきは、必ずしも一般的な基準でエコをアピールすることではありません。残念ながら、多くの人は流行に乗ってエコを主張しているだけです。

ダニエル　たしかに。

ジェームズ　わたしたちの旅はまだ続いています。七年経ちますが、ビジネスはまだ成長しています。コスタリカの土地を買い、まもなくバハ・カリフォルニアやロス・カボスでも用地を手に入れます。アイスランドの北東部でも政府から用地を与えられ、そこで別荘を運営する案があるのですが、少し契約に手こずっています。自然に囲まれた、エキゾティックなものになるでしょう。

まあ、これがだいたいの現状です。まだまだ努力と工夫が必要です。多くの人に支持してもらっていますが、以前のように話題性があるわけではありません。もう目新しい存在ではなく、ほかに独自の取り組みをしているところもあります。

わたしは陳腐な経験が好きではありません。そして贅沢な経験でさえも、陳腐なものになってしまうことがあります。新婚旅行のカップルが食事をするためのふたり用のテーブルも、そうした客層を当てにすると失敗します。わたしたちにはたくさんの顧客がいます。彼らは世界的に活躍し、楽しく、教育があり、そしてもちろん裕福な顧客が大部分ですが、生涯に一度の旅で訪れる人々もいます。彼らは裕福な人々と同じ経験を求めています。

ダニエル　ええ、間違いなく。

ジェームズ　また進歩や進化に伴って、世界があらゆる方法でつながり、あらゆるものが珍しくなくなってしまうという恐れもあります。

ダニエル　あなたは生涯旅をしてこられました。これまでに訪れた場所を思いかえして、まっさきに思い浮かぶのはどこですか？　また、長く旅をしてきたことで人としてどのように変わりましたか？

ジェームズ　子供のころ、よく父親とポロをしていました。あるとき、モンゴル旅行に誘われました。ジンギスカンの時代には、人の頭蓋骨で遊んでいたそうですね。あの国でポロをしたのは興奮しました。

大いに踊って、夜にはウォッカを飲み、ベッドに寝ころがり、川で泳いで身体の汚れを落とす……最高でした。そのあとわたしはブリティッシュ・ポロ・デイに参加し、川岸で現地の人々にゲームを教えました。美しかった。あの旅行がおそらくわたしにとっていちばん重要な旅ですね。

ともかく、わたしは旅が好きです。いつも移動していますし、依存症なんですよ――新しい場所へ行くことへの。これ以上に刺激的なことはないでしょう。二週間前にはハイチにいました。観光省から建築に関する問題を解決するために招かれていたんです。

ハイチはとても美しい場所です。音楽や芸術について学べる、二〇部屋ほどの児童養護施設を建てられる人を探していました。また、息子を連れて南アフリカに向かう途中でカイロに立ち寄ったことがあります。トリップアドバイザーの最高級のガイドを雇い、空港で出迎えられると、希望を伝えました。ナイルでのボート乗りや、ギザのピラミッドの頂上まで登ること、火を通した朝食、日の出の見物、ラクダに乗ること。すべてやってみました。

インスタグラムの@jameswmcbrideというアカウントを見てもらえば、そのとき早朝に出かけた様子が載っています。特別なものではありませんが、満月の日で、ピラミッドの上に太陽が昇っていきます。息子とふたりだけで、朝四時にパン屋に行き、卵とパンを買いました。そんなことをする旅行者はほとんどいないでしょう。

わたしは恐れを感じることはあまりありません。ありがたいことに、わたしにはしようと思ったことや感じたことを実現する能力があって、たいていはうまくいきます。しかも自然で、一風変わったやりかたで。とにかく陳腐なのは好きではないのです。

L・デイヴィッド・マルケ

今度は、まったく異なった旅についての話だ。もし、アメリカ海軍で最低ランクの原子力潜水艦に配属されたら、あなたはどうするだろう。たぶん、別の仕事を探すべきだ。デイヴィッド・マルケ大佐は二八年間アメリカ海軍で勤務し、所属の潜水艦サンタフェの成績を最低から最高へ引きあげ、乗組員の残留率や成績を海軍で最高へと押し上げた。

デイヴィッドはこれまで、世界をまったく独自の観点から見てきたが、親切にもその人生と旅について語ってくれた。現在はリーダーシップに関する講習や執筆活動をしている。最新作は『米海軍で屈指の潜水艦艦長による「最強組織」の作り方』（花塚恵訳、東洋経済新報社刊）だ。

ダニエル・ホートン　おそらくあなたは、わたしが知るかぎりほかの誰よりもたくさん世界を見てこられたと思います。長年の冒険について、少し教えていただけますか。

L・デイヴィッド・マルケ　わたしは海軍に二八年在籍しました。一七歳か一八歳のとき地中海に行き、スペインで闘牛を見物しました。それからイギリスへ。その翌年、韓国とグアム、それから本で読んだり、写真で見たことしかなかった場所へ行きました。海軍での成績は良好で、最終的に原子力潜水艦の艦長になりました。

ハワイを拠点に、六か月かけて世界中をめぐっていました。沖縄、東京、シンガポール、ディエゴ・ガルシア島――これは、インド洋の真ん中に浮かぶ最高の場所で、軍関係者でなければ行くことはできません――それからバーレーンなど、あらゆる場所へ。インド洋で、繁殖シーズンに大量のウミヘビを見たこともあります。一エーカーもの海域に群れていて、海面が茹だるようでした。あんなものは見たことがありませんでしたね。

入港すると多少は地元の人々と触れあうこともありました。ただそれが入港のおもな理由ではなかったので、交流はわずかでした。あったとしてもお膳立てされた、決められたことしか話せない、型どおりのものばかりでした。

その後、わたしは本を書くようになりました。そのためまた世界中を旅して、ユナイテッド航空のマイレージではグローバルサービスという最上級会員になったほどです。その経験はほかでは味わえないもので、新たな発見をしつつ、自分の見解は正しいと確認することもできました。

たとえば、カンザス州のある町にあるホテルを訪れました。その町については地元の人にとっては大きな意味があるでしょうが、ほとんどの人にとって重要ではないでしょうし、わたしもいますぐには地名が出てきません。

ダニエル　普通の人はなかなかそこへ訪れようとはしないでしょうね。

デイヴィッド　ええ。わたしはその町のホリデイ・イン・カンファレンス・センターというホテルに入りました。そしてそこで、あるＩＴ企業の社員に向けてリーダーシップに関する講演をしました。参加者は非常に優秀でした。まさに世界をよりよい場所に変えてしまう人々です。廊下を隔てた別の部屋では、別の会社が何か会議をしていました。彼らもやはり優秀な人々でした。

シリコンバレーから仕事を奪ってしまうほどとは言えないかもしれません。でもどこへ行っても必ず、同じようにそこの人々に感銘を受けるんです。そして妻に電話をかけて、まるでニューヨークにいるみたいだと話します。

ほかにもすごい経験をしています。わたしの本の中国語版が出て、中国を訪れました。それだけでもすごいことでしょう。原子力潜水艦の艦長だったわたしが、社会主義国の中国にいるんですから。入国すると、自分の近くにいつもふたりの大男がついていることに気づきました。ずっと背後にいたようでした。

中国在住の大勢の海外駐在者とランチをしました。参加者は、たまたま本国を離れて暮らしている事業経営者たちでした。アメリカ人やイギリス人、その他のヨーロッパ人たちで、武器製造などの事業をしていました。わたしがリーダーシップについて書いた本の内容は、部下に任せ、決定をさせようというものでした。そうすることで、粘り強い、健全な会社になり、部下たちは仕事が好きになるからです。しかし、部下に自分で判断するように促し、彼らの決定をあとで報告させるというのは、リーダーにとって勇気のいることです。けれどもそうすれば、部下は期待に応えてくれます。そういった話をすると、経営者たちは、そう、そのとおりだと答えました。気に入りました、と。もしここがオランダなら、おっしゃるとおりでしょう……ところが、中国人はそうじゃないんです。彼らは細かいことまで指示されることを好むんです、と彼らは言いました。

そのことは議論せず、保留しました。そしてその夜、人生のなかでもかなり興味深い経験をすることになりました。地元の大学へ行ったんです。中国のハーバード大学のようなところだそうです。

エグゼクティブ向けのMBAの講義をするために講堂に入り、六〇〇人の顔を見渡しました。出席者は全員が中国人です。わたしひとりが西洋人で、通訳についてもらっていました。体重四〇キロの中国人大学生で、飛び抜けて優秀でした。四度目あたりの講義では、彼女はもうわたしそのものでした。潜水艦の艦長として語りかけていました。それくらい通訳が上手だったんです。

わたしは彼女と聴衆を交互に見ながら話をしていました。そのときふと、たぶん時差ぼけでもしていたんでしょう、変なことを思いついて、こう言ったんです。「みなさん、わたしはこんな話を耳にしました。別のイベントで、中国人は言われたとおりに仕事をするのが好きだという話が出たんですよ」。ここでわたしは、少し言葉に詰まりました。それからふたつ目。「それから、あなたがたに質問を求めても、誰も質問しませんよ、と。では二分間で、隣の人とそのことを話しあってください。それから考えを聞かせてもらいます。どうぞ」。通訳者は全員を見渡し、開始の声をかけました。

するとわたしがそう話したとたん、彼女が通訳さえしないうちに、会場全体がざわざわとしました。それから一時間半、予定の時間を過ぎたあとまで、わたしは何度も同じことを聞かされることになりました。「そんなのは嘘っぱちです。ただの幻想です。もちろん、わたしたちは意味のある仕事がしたいんです。意味のある人生を送りたいんです。子供には自分よりもいい暮らしをしてほしいんです」。わたしは圧倒されました。そのあいだ、リモコンを使ってスライドを替える間もありませんでした。

大学を出ると、妻に電話して、「ここもカンザスと変わらないよ」と言いました。中国人が願っていることはわたしたちとまったく変わりません。中国人が信頼できないのには理由があるのだと言われるたびに、わたしは何度もこの話を繰りかえしてきました。そう言う人々の話はでたらめで、わかったつもりになっているに過ぎません。わたしたちはみな同じ人間なんです。

どこに暮らしていようと、人間が求めているものは同じです。生まれる場所は人によってちがいますが。たとえばインドは厳しい土地です。わたしはベンガルールの顧客のもとに三週間滞在したことがあります。そのほかにもたくさんの異なった土地があるでしょう。でもそこに暮らす人の本心を知り、夢や情熱について聞けば、彼らは自分と同じだと思うものですよ。

要するに……わたしは楽観主義者なんです。わたしはエンジニアで、原子力工学が専門です。ですから、何か失敗を目撃すれば、どうしてこんなことに、と思うことはあります。なんで間違ってしまったんだ、と。そんなふうに思うのは、ある種、自然なことです。かつての職場で叩きこまれたそうした考えかたが自然とわたしの一部になっています。それでも、楽観主義であればそう考えるのをやわらげられます。旅に出るたびに、世界中で驚くべき人たちのことを知り、驚愕させられます。それを知ることで、これからも生きていこうと思えるんです。

ダニエル　ええ、わたしも間違いなく楽観主義者です。でも会社を経営していると……思わしくない状況への心の準備も必要になりますよね。みんなが不安になっていても、何気ない笑みを浮かべていなければならないし。

デイヴィッド　そのとおり。

ダニエル　海軍兵学校へ進学した理由を聞かせていただけますか？　若いころ、将来についてどんなことを考えましたか？

デイヴィッド　当時は冷戦のまっただ中でした。一九七三年に高校に入学して、一九七七年に卒業しました。石油危機があり、ベトナム戦争が終結した時代です。わたしはちょっとした歴史オタクでした。内向的で、本のなかで旅をしていました。そして、アメリカ合衆国憲法が表現しているような、政府が国民の自由を守るという社会の姿を信じていました。人々が宗教や結婚相手、職業を自分で選び、安心して暮らせる、そんな社会です。それこそよりよい社会だと思いました。

それで、社会のなかで自分の役割を果たそうと思ったのです。オタクで内向的だったので、入隊することに決め、ある日帰宅したとき、両親に伝えました。「ああそうだ、本で読んだんだけど、潜水艦では、人から隠れることが仕事なんだ」と言ったら許してくれましたよ。

ダニエル　潜水艦で勤務している高校時代の友人が何人かいます。彼らも内向的でしたが、とても頭がよく、ずば抜けていましたね。でも宿題をほとんど提出しないから、意外と評価は低くて。成績は悪く、学校では口数が少なかったのに、気づいたら原子力工学のエンジニアになっていました。

デイヴィッド　それはまさにわたしのことですよ。それは高校時代のわたしです。まさにそのままでした。

どこかに所属するのは大切なことです。潜水艦でも海上を走る船でも、空軍や海兵隊に入るのでもかまいません。あとはその所属先に従えばいい。もっとも、交換プログラムや視察、内勤などもありますが。

もちろん潜水艦で海に出ることもあります。そして二、三年ペンタゴンに配属されたり、本部や研究施設での勤務をして、また海に戻ります。

ダニエル　ある潜水艦の艦長への昇進を控えていたころ、突然、成績のよくない別の艦に変更になったそうですね。

デイヴィッド　わたしは自分で気づき、伝えるようなタイプのリーダーシップを取っていました。リーダーが正しい答えに気づき、チームにやるべきことを伝える、というものです。物事を処理できるのは、やるべきことを指示するからです。そして、物事が片づくことで報酬が得られます。幸いなことに、わたしはそれが、つまり指示するのが得意でした。

そのためわたしは昇進しつづけ、艦長になる寸前まで行ったところで、こう打診されました。「サンタフェという、潜水艦隊のなかでいちばん成績が悪い艦がある。士気も下がっている。ところで、その艦長が一年前に退職したんだ。成績不振が原因でね」

そのためわたしは、予定の艦ではなくそちらの艦長になることになったんです。同じ型の潜水艦ですが、ボタンや装備はそれぞれ異なっています。着任してみるとまるで、『スターウォーズ』のバーの場面みたいでしたよ。

ダニエル　大好きなシーンです！

デイヴィッド　わたしが置かれたのもあんな状況でした。わたしは戸惑い、何が正しいのかわからず、尋ねてばかりでした。それでもまもなく、指示を出しはじめました。部下もそれを望んでいました。わたしのほうもそう教育されてきましたし。

その艦では不可能なことを命令してしまったこともありました。それでも将校たちはどうにかして、それを成し遂げました。できないことを命じるのは決定的な失敗ではないものの、困ったことでしたね。そこで、部下を集めてこう言いました。「大きな問題が発生している。わたしはこの一年間、別の艦で勤務するために準備してきた。ボタンもパイプもバルブも、まったく異なる艦だ。そしてきみたちは指示に従って行動するよう訓練されている」

ダニエル　そして、部下はあなたの言葉に完全に従うつもりでいる、と。

デイヴィッド　そうです。指示が適切なら生き延びるし、不適切ならば死んでしまう。彼らはうなだれたように、自分の足元を見ていました。それから、ひとりが言いました。「艦長が着任した二週間前から状況はわかっていました」

そこでわたしは語りました。きみたちに主導権を取ってほしい。自分が思ったとおりにしてくれ。その権限を与えよう。もしわたしが間違ったことを言ったら、反論してくれ、と。

上意下達ではなく、下から意見が出るようにしたんです。そしてわたしは、自分から彼らの行動の意図を尋ねるようにしました。「深く潜り、魚雷を装填しようとしているので昼食のメニューを変えましょう」といった答えが返ってきて、わたしが停止の指示をしなければ、そのとおり遂行されます。それとともに、なぜその行動が正しいのかも説明してもらいました。わたしは質問してまわりました。

それでも、わたしが拒絶しないかぎり、その答えは認められるのです。そのことが乗組員たちを変えました。そして、そのあとはご存じのとおり――わたしたちは賞を取り、士気を高め、脱落者を出さず、潜水艦の成績は上がりました。けれどもそれには一〇年かかりました。最高の栄誉は、部下のうち一〇人が艦長に出世したことです。これは本当に高い、なかなか達成できない数字なんです。

ダニエル　ＮＦＬ［アメリカ合衆国のプロアメリカンフットボールリーグ］で、あるヘッドコーチのもとからどんなコーチが育ったかを示すコーチング・ツリーというものがありますが、それと同じようなものでしょうか。

デイヴィッド　そのとおりです。

ダニエル　わたしはこれまで、潜水艦での旅について話を聞いたことはありません。同じ乗組員と、わたしには想像しかできませんが、非常に長い時間水の下でともに過ごすことになりますよね。

デイヴィッド　ええ、とても親密な関係が築かれます。一四〇人の乗組員に対し、ベッドは一一七台しかありません。そのため共有することになります。まず、ジェット機のようなスピードを出すわけではないので、時差ぼけにはなりません。時計は合わせますが、好きな時間にすればいいんです。いずれにせよ、太陽は見えませんからね。それで通常は、作戦行動を計画するために、地方時に合わせます。そのほうが都合がよいというだけです。

たいてい運航は順調でした。嵐が来たら、深く潜航すれば避けることができます。海図を見て、海中の音を確認しながら運航します。クジラの鳴き声や、エビ、魚、油田、遠くの船などは、なかなかいいものですよ。

ダニエル　退役して民間人になり、またちがった旅をするようになったころの話を聞かせていただけますか。

デイヴィッド　誰にも何かをする許可を得なくてもいいという生活には、なかなか脳が慣れませんでしたね。当たりまえのことなんですが、時間がかかりました。

退役したとき、息子は交換留学生としてマヨルカ島にいました。大学生活に悪戦苦闘していましたね。わたしと同じように歴史オタクなので、声をかけました。「ナポレオン時代の戦場を見にいったらきっと楽しいよ。学期末の休みに、車を借りてまわってみよう」。その話をあれこれしていると、息子にこんなことを言われたんです。「父さんはきっと楽しいと言うだけで何もしない。切符を買って、さっさと旅をすればいいのに」

そのとおりにしました。すばらしい体験でしたね。どういうわけか、頭のなかで行動を抑制する癖がついていたんです。それからもうひとつの失敗は、講演の仕事に関するものです。わたしは前日の晩に会場へ飛び、朝起きて講演をしたらすぐに空港に戻って、翌日の講演会場へ飛ぶという生活をしていました。

一日に二カ国で講演をすることもあったくらいです。すごい経験でしたが、スケジュールには無理がありました。それでいまでは、どこへ行くときも、必ず何か別のことをするようにしています。

いつもスタッフに聞いているんですよ。もうひとつ、何をしようかって。美術館を訪れたり、トレイルランニングをすることもあります。トレイルをめぐるのが好きなんです。しばらく会っていない旧友に会うこともあります。どれも仕事とは無関係のことです。それが豊かな経験をさせてくれました。

ダニエル　わたしも同感です。旅に出るたびに同じことをしています。長年旅をされてきたなかで、最高の〝もうひとつ〟はなんでしたか？

デイヴィッド　娘がロンドンにいます。だから子供たちに会えることでしょうか。でもわたしはトレイルランニングがとても好きなんです。内向的なもので。シューズを履いて、地図を確認します。地元の人の話を聞いてから、トレイルに出発します。たぶんもっといいやりかたもあるんでしょうけれど。でもとにかく、わたしはひとりでトレイルに向かい、水を持って三、四時間走ります。曲がり角の先に何があるのかも知らないままで。

一歩ずつちゃんと注意していないと、石を踏んで転んでしまうこともあります。つまり、絶えず変化する状況に意識を集中させる必要があるということです。仕事のことなど考えていられません。ただそこにいて、トレイルを歩く人々と出会います。みんな友人です。みな、トレイルと向きあっています。

ダニエル　長いあいだ旅をしてきたことで、どう変わりましたか？

デイヴィッド　わたしはボストンの郊外で育ちました。学校で人種融合が行われたことは大きなことでしたね。それまで学校に黒人の子供はいませんでしたが、政策が導入されると、都市部から子供が通ってくるようになりました。でもそれは、そう、まるで無理やり作りだした現実で、変な感じがしました。自然なこととは思えませんでした。

ただそれがあったからこそ、たとえば上海の地下鉄で白人は自分ひとりだけという状況で、まわりからどう見られているかがわかるんです。また、まわりの人々も自分と同じことを望んでいるということがわかります。彼らはわたしたちと同じように、自分の子供がよりよい暮らしをできるようにと願っています。わたしはそんな経験から、他者をより受けいれることができるようになりました。そして、人種であれ性別であれなんであれ、自分とはちがう集団に対する決めつけに抵抗するようになりました。自分の心を率直に見れば、まだ偏見があることも知っています。それでも、興味を持って話を聞くことはできるようになってきたと思います。

わたしはそのことに真剣に取り組んでいます。いつもまだまだだと感じるんです。それによって、わたしの生活は間違いなく豊かに、興味深いものになっています。わたしはむやみにいろいろなものを排除するのではなく、少しだけ扉を開けています。そして、それについて教えてほしいと声をかけています。

Ⅱ

PLって何？

あらゆる機会を逃さない

ＢＢＣとの交渉はその翌年まで持ち越し、ようやく合意に達した。わたしはロンドンだけでなく、オーストラリアのメルボルンに何度も足を運んだ。そこには当時、ロンリープラネットで最大のオフィスがあった。

ロンリープラネットのＣＥＯは退任することに決まった。売却の成立後、経営責任者を務める予定者は誰もいなかった。わたしたちが新しい所有者として紹介されたはじめてのミーティングで、ＣＥＯは退任を宣言した。

テネシー州のオフィスで、ある日ケリー氏とふたりですわって話しているとき、ロンリープラネットの経営者についての話題が出た。誰が経営するんですかと尋ねると、彼は何を聞くんだという顔をした。

「わたしたちが経営するんだよ。いったい何を質問しているんだ？」

「ＣＥＯが辞めたあと、従業員たちは誰が後任になるのかと思うでしょう。わたしたちが所有者だということはいずれわかるでしょうが、いったい誰が、社長として引っぱっていくんですか？」

「わたしたちさ」

「ええ、それはわかっています。ですが……」

ケリー氏はそこで口を挟んだ。「きみだ。きみとわたしが一緒にやる」

それはわたしが望んでいた仕事ではなかった。信じてもらえないかもしれないが、頭に浮かんだことすらなかった。考えたこともなかった。そのときはまだ、ロンリープラネットを所有するという衝撃にまだ圧倒されていた。わたしは子供のころからそこのガイドブックを持って旅行していたし、本当に、ずば抜けて好きな企業だったのだ。

ケリー氏はわたしに、大したことじゃない、考えすぎるなと言った。わたしも一緒にやるから、と。それで話題はほかに移った。

売却の発表のとき、わたしはオーストラリアへ飛び、ＢＢＣとともに共同声明を用意した。ＢＢＣの重役であるマーカス・アーサーが当時ロンリープラネットを担当していて、社員にわたしを紹介するまえに多くの説明をした。

マーカスは非の打ちどころのないスコットランド人だった。彼がほほ笑むと同じ部屋にいる人々は振り向き、聴衆に向かって話すときは、その自信と存在感で、誰もがじっと彼の話に聞き入った。

発表の直前、彼はわたしをすわらせ、人前で話した経験があるかどうかを尋ねた。きっとわたしの緊張は彼には筒抜けだっただろう。二三歳のアメリカ人が経験豊富な社員たちからなるグローバルチームのまえに立ち、社長として紹介されるという状況の奇妙さにも気づいていただろう。

彼はわたしの目をまっすぐに見て言った。「深呼吸をして、落ち着いて。それだけでいい。今回のことを喜ばしく感じていること、それから会社に対してどれほどの敬意を抱いているかを社員に伝えよう。最後までわたしがついているから」

まるで、ビッグプレイのまえにコーチがクォーターバックにかける言葉のようだった。それがわたしに自信を与え、落ち着かせてくれた。

会場はロンリープラネットが入っている多層階のオフィスのなかだった。オフィスは全階吹き抜けになっており、二階の階段に立つと、すべての階から見物をすることができた。

わたしは極度に緊張していた。しかも、事業の財務状況はあまりよくなく、変化が必要だということを伝えなくてはならなかった。

マーカスの話に続いて、わたしは自己紹介し、今後の方針を語った。社員たちがどう思ったかはわからない。まだ二三歳で、会社の経営をした経験もなかった。

話が終わると、マーカスに連れられてオフィスをまわり、さまざまな社員と挨拶し、質問に答えた。生まれてはじめて聴衆のまえでスピーチをしたあとだったから、できれば質問には答えたくなかった。予想よりもずっと遠慮のないさまざまな質問を浴びせられたが、どうにか受け答えした。

年齢や、経営についてどんな知識があるのかとか、これからの計画について詳しく教えてほしいとか。変化が必要な理由を、多くの社員がよく理解していないということが明らかになった。それはわたしには驚くべきことだった。業務成績がよくないことは彼らもよく知っていたのだから。わたしに会うなり、こう言った社員もいた。「なぜ儲けなくてはならないのか理解できません。大切なのは旅のことでしょう」

　どうにかオーストラリアでの会議を終え、シンガポール経由のオーバーナイト・フライトでロンドンに向かった。運よくビジネスクラスに席が取れ、いくらか眠ることができた。それまで何日かずっと、あまり眠れなかったのだ。ロンドンで飛行機を降りると、地下鉄でＢＢＣのオフィスへ行った。そこにはロンリープラネットのロンドン支社があり、約一〇〇人が働いていた。ぼんやりとしたまま正面玄関から入っていくと、トム・ホールという社員に挨拶された。

　彼はいきなり、二〇分後に全社員会議があるとわたしに伝えた。前日と同じような全社員へのスピーチはしたくなかったが、もう遅かった。ロンドン支社長のトムがすでに計画を立てていた。

　彼はわたしの姿を見ると、謝罪して言った。「嫌かもしれませんが、わたしが一緒に壇上に上がります。いくつか質問をしますが、立ち入ったことは伺いません」

「ありがとう。でもそれは中止して、ふたりで社内をまわって、非公式にすべてのチームと話をさせてもらえるかな」

「でも、みんなもう席に着いてあなたを待っていますよ」

　トムはわたしにマイクをつけた。彼は壇上に上がり、わたしを紹介もせずに会議を始めた。わたしは登壇し、社員たちに挨拶した。「こんにちは。ダニエルです」。話しはじめたとたん、その場の全員が大きな声で笑った。

何が起こったんだ？　ズボンをはきわすれたんだろうか？　寝ぐせがついているのか？　歯に食べ物が挟まっているのか？　わたしが何か、全員を爆笑させるような大失敗をしたことは間違いなさそうだ。

後ろのほうの社員が指さしているのを見て、ステージ上で振りかえると、映画館のスクリーンほどの大きさのプロジェクションがあった。そこに映されたものを理解するのに数秒かかったが、落ち着いて見ると、それは明らかだった。聖書の一場面で、ダニエルが彼を殺そうとした人々にライオンの巣穴に放りこまれるシーンだった。

どうやら誰かがわたしにきついジョークをしかけたらしい。ほかにどうしようもないので、わたしは自分でも笑いだした。それは、大笑いしている社員たちの前で泣きだしてしまうよりはずっと賢明な反応だった。

わたしは小走りにステージから下りて、ジャケットから携帯電話を取りだしてまた戻ってきた。たぶんみな、わたしの行動にあっけにとられていただろう。

わたしは大きな声で言った。「これはすごい。この絵は気に入った。記念撮影してもいいですか。何年か経ったらいい思い出になる」

この出来事のおかげで、社員との初対面の気まずさはどこかへ行き、わたしがそんなに柔《やわ》ではないと知らせることもできた。

写真を撮ると、その絵はすぐに消された。そしてトムとわたしはステージに戻り、会議が始まった。

創業四〇年のグローバル企業を経営するのは簡単なことではない。わたしはこの会社を愛していて、そこには才能あふれる社員たちがいた。彼らのなかに、わたしを受けいれてくれる人がいることを願った。

その願いは叶えられた。わたしを最初に受けいれ、指導してくれたのはＣＦＯのテオだった。

その二週間ほどまえ、わたしはテオを含むロンリープラネットの全重役とメルボルンのオフィスで会議をしていた。彼はわたしを見て、〝ＰＬ〟を確認してくださいと言った。

「はい」とわたしは答えた。「それで、ＰＬというのはなんのことですか？」

わたしの言葉は波紋を投げかけた。重役の多くが動揺した表情になった。

「損益計算書のことですよ」とテオは答えた。そして丁寧に、事業成績を表す財務諸表のひとつだと教えてくれた。ＰＬは収益とそれにかかった費用を確認するためにとても大切なものであるという。

その会議のあと、テオはわたしを脇に呼んで言った。「一対一で説明させていただけませんか？」。それから数週間、彼は初歩的な会計についてわたしに丁寧に教えてくれた。ＰＬの読みかただけでなく、事業のファンダメンタルズや、そのなかで重要な数値について。彼は自分の意見をわたしに押しつけないように注意した。このレッスンは、純粋にわたしに会計について教えることだけが目的だった。

　わたしはこれほどの大企業を経営することの意味すらわかっておらず、理解するために思いつくかぎりあらゆる初歩的な質問をしたが、彼は嫌な顔ひとつしなかった。無知を咎《とが》めず、ただそばで助けてくれる人がいたことは、説明できないくらいありがたいことだった。その後数年間、テオはわたしの右腕になった。必死で理解しようとするわたしに対して彼が示してくれた忍耐を忘れることはないだろう。

　その後数か月、世界中を飛びまわっていたので、考える時間はいくらでもあった。わたしが就いたのは、これまでの経験ではとても間に合わないほどの地位だった。わたしはただ、旅を続けられる仕事をしたかっただけなのに、いまや世界で最も有名な旅行会社のひとつを経営しているのだ。いつの間にか目的地をはるかに通りすぎてしまっていた。

　海外への移動は苛酷だった。わが社は主要な支社が三つの大陸にまたがっている。オーストラリアとイギリスへの移動の合間にもあちこちへと飛びまわり、ウェブサイトや携帯用アプリ、販売戦略を見直すために、社内でデジタルチームのメンバーを募った。

　社長になって一年目には、二週間のあいだに異なった向きに世界を三周していた。たいていわたしは、自分がどこにいるのか、いまどのタイムゾーンにいてつぎにどこへ向かうのかわからなくなっていた。

　どこに行っても、そこにはせいぜい二日しかいなかった。ヨーロッパの提携企業の本社をすべてまわったこともあるし、ロンドン支社へは、最初の一年で一四回足を運んだ。

その後五年かけて会社は方向転換し、真価を発揮するようになった。デジタル戦略を新たにし、「ファースト・カンパニー」誌の〝世界で最も革新的な企業〟に選ばれた。そのことをわたしは心から誇りに思う。

つぎの冒険に向かうためにその仕事を辞めたとき、わたしはロンリープラネットの仕事でちょうど一〇〇万マイル移動していた。それはわたしがこれまでに成し遂げた最も困難な仕事だった。世界を旅する優秀なチームを率いることができたのは名誉なことだった。

だが、それはたやすい仕事ではなかった。家を空けてばかりいることは、大切な人との関係にもよくなかった。実際に、ロンリープラネットの仕事に就いて二年目に離婚をしている。幸いまわりにはいつも支えてくれる友人や家族がいた。彼らはいつも、わたしがしていることは間違っていないと思わせてくれたし、暗い日々に光を投げかけてくれた。

何より、長年一緒に働いてくれたチームが仕事を価値あるものにしてくれた。それぞれのしかたでわたしを助けてくれた数多くの人々に、心からの感謝を捧げたい。

ブルース・プーン・ティップ

起業家で慈善家のブルース・プーン・ティップは、さまざまな賞を受賞した旅行会社、社会的企業であるGアドベンチャーズの創業者だ。

アジアへのバックパックツアーで人生観が変わるような経験をしたブルースは、旅のしかたを大きく変えるアイデアを生みだした。一九九〇年、二二歳のとき、ブルースは二枚のクレジットカードで限度額まで借金をしてGアドベンチャーズを立ちあげた。バックパックツアーと一般的な旅行の橋渡しをし、旅行者と、訪問先の地元住民をつなげる旅行会社だ。

それから二八年が経ち、Gアドベンチャーズはいまや世界最大の小規模グループ・ツアー会社になり、世界中に二八の支店を持っている。利用者は年間二〇万人で、ツアー回数は七〇〇回、行き先は七つの大陸にまたがる一〇〇カ国に及ぶ。

ブルースとわたしがはじめて会ったのは二〇一四年、マッシャブル社の旅行動画を制作したときのことだった。すぐにたがいの考えがよく似ていることに気づき、友人同士になった。思いもよらない場所でばったりと出くわしたことも何度もあるし、スケジュールが許せば食事をすることも多い。

ダニエル・ホートン　さて、ぼくはきみのことをよく知っているけど、読者はそうじゃない。だからまずは、二分間で自分がどんな人間か、何をしているか、旅行への情熱のもとは何かを話してもらえますか。

ブルース・プーン・ティップ　わたしはGアドベンチャーズの創業者です。会社を始めたのは二八年前。一九九〇年の九月だから、正確にはもう少しで二九年になります。当時、旅行は簡単ではありませんでした。インターネットもＥメールもない時代で、ファックスすらそれほど普及していなかった。そのころ、地元の人々や文化と深く交流するという目的を達成するための方法を考えてビジネスモデルを思いついたんです。

当初はそのことに集中していました。社会的企業としての活動を始めたのはとても早かった——もっとも、そのころはそんな呼び名はなかったけれど。それ以来、二〇年のあいだにずいぶん進化しました。九〇年代半ばにはエコツーリズムという言葉が生まれ、そのすぐあとには、〝責任ある旅行〟という発想も登場した。持続可能な観光が流行したころには、わが社はすでに独自の取り組みをしていました。

いまでは、ある意味でモデルとなる社会的企業だと自任しています。旅行会社という枠を超えて、顧客をより高い目標へと促している。旅行というのはとくに、旅行者が世界の最貧国を訪れることで、富を再分配するための最善の方法になりうると考えています。

ダニエル　飛行機を降りた瞬間からそこでお金を使うことになりますからね。

ブルース　そう。それにうまくすれば、旅は人々の生活を変えることができる。これまで旅行業界はあまり考えてこなかったけれど、旅行はよい影響を与えられるんです。わが社はある意味、そのモデルになる。長年の積み重ねもあります。

われわれは一九九五年、誰にも感謝されることなく、低所得者層向けの金融サービスもない時代から共同体とのプロジェクトをやっていました。そして個人や中小企業に投資して、業務を委託してきた。

ダニエル　Gアドベンチャーズで、どうやってそれを企業文化にまで高めたのか話してください。

ブルース　はい。われわれの存在や文化、事業の価値の核心に関わる部分だから、なかなか難しい質問ですね。貪欲に成長を目指していて、起業精神を持ち、革新的であろうとしているのはほかの企業と変わりありません。でも同時に、事業の社会的な影響を考えることも、わが社のＤＮＡにもともと含まれているんです。

企業文化を創り、世界で最高の人材を引きつけ、彼らが働きつづけてくれるように努力もしている。もちろん、顧客の体験も強く意識しています。

ダニエル　それに、旅によって成長できる、という特典もありますよね。だから人々は旅に出る。

ブルース　そう。旅は、平和への最速の道だと考えています。人々がもっと旅をして、ほかの文化のことを学んだら、この世界での自分の位置も知ることができるし、自分の生まれた土地にもっと感謝するようになるでしょう。

ダニエル　そのとおりですね。ブルース、きみのビジネスの性質について少し話してもらえますか。きみは世界中でガイドをしてきたけれど、それはすばらしいサービスですよね。多くの人は言葉がわからない土地では怖くなるし、文化も理解できない。ニュースでその土地に関する悪いニュースを見たことがあるかもしれない。

地元の人やそこを訪れたことのある人と土地を歩くことの利点について話してください。自分の国をよその人に見せるというのは誇らしいことでしょう。

ブルース　そう。よく似た考えを持ち、休暇によりたくさんのものを得たいと思っている人々がいれば、グループを組むのはすばらしいことです。わが社は世界に広がっているので、一六〇カ国の人々が旅行の予約をします。旅行に行くとまず、世界中の人々とグループになる。そしてそのグループで一緒に他国の文化を経験する。

そこでの学びや、そうして作られたある種のコミュニティには、計り知れない価値があります。わが社の旅行は、こうしたコミュニティや旅先へのよい影響という点でたいていの旅行会社よりもはるかに多くのものを提供しているけれど、グループのなかで特別な発見の経験をすることができる。みなである種の新しい文明を作ることになるんです。何を言っているかわかる？

ダニエル　よくわかるよ。きみの会社のツアーの行き先のなかには、ひとりでは行くにはちょっと怖いような僻地もある。そういう場所でいい経験ができると知ることはいいことだよね。

そうすれば、人々の気持ちの壁を取り払って、またいつかひとりで、あるいは家族を連れてそこへ行きたいと思ってもらうことができるでしょう。

ブルース ああそうだね。ぼくたちはあらゆるものを吟味して、あらゆるものを整えて、人々にユニークな経験を提供しています。だから、怖じ気づいてしまうのもよくわかる。旅に対する動機は人それぞれです。ぼくたちはグループで旅をすることによって安全を提供していますが、同時に柔軟な対応ができ、グループの規模は小さいので、独立した旅の自由さも味わえます。旅がしたいけれど一緒に旅に行く友人が少ない人々に、友人のグループを用意しているんです。

考えのよく似た、ふさわしい旅の動機を持つ人々のグループができたら最高です。その旅に最もふさわしい人々を旅行に連れていくのはぼくたちの目標みたいなものですね。そのためにパーパス・ドリブンな［達成すべき目標を掲げ、その実現を目指す］モデルを促進してきたんです。そうすることで、ある種の人々を引きつけることができます。当初は、多くの人を遠ざけることになるからその点を強調しすぎるべきではないと言われたけれど、やはり明確にすべきだと思います。それがわが社の価値で、これがわれわれの目的だと。利用者は偏ることになるけれど、そこから魔法が生まれるんです。

ダニエル そうですね。では、個人的な質問をしましょう。あなたが自分の家族を連れていきたいと思う場所――行ったことがあってもなくても――を教えてください。子供たちがはじめてその場所を経験するのを見たいと思うような場所を。

ブルース　なるほど。二週間前にその質問をしてくれればよかったのに。

ダニエル　連れていったばかりということ？

ブルース　そう。インドに行ったんです。その一年前にはほかの場所も訪れました。ガラパゴス諸島をね。どうしても子供たちを連れていきたかった。どちらも、ぼくが何百回と行った場所だからね。でももう一度子供たちの目でそこを見るのはすばらしいことでした。

もう一か所、今年の夏には日本に行きます。ぼくは何度も訪れています。自分は慣れているけど、子供たちの目を通して見るのが待ちきれないですね。

チャーリー・クリフォード

空港に行ったことのある人なら、地球上のほとんどどの空港でも、ＴＵＭＩのバッグを見たことがあるだろう。チャーリーは一九七五年にＴＵＭＩを創業した。その後事業は売却したが、いまも最高のバッグを製造し、販売している。

ダニエル・ホートン　チャーリー、時間を割いていただきありがとうございます。はじめに、あなた自身と、これまでの経歴を簡単におさらいさせてください。どうしてバッグ業界に参入されたんですか？

チャーリー・クリフォード　わたしはニュージャージー州の、人口五〇〇〇人くらいの小さな町で育ちました。家族はあまり旅行をしなかったけれど、休暇になると父の出身地であるバーモント州に滞在しました。父の祖父母はアイルランドからの移民でした。家族はみな、おそらく、三〇年代から四〇年代のことだと思いますが、バーモント州を出てニューヨークやニュージャージーに行きました。それで、わたしの家族はときどきバーモント州ラトランドの近くにある湖に旅行していました。

わたしがした旅はそれくらいのものでした。父はニューヨーク・セントラル鉄道で働いていました。貨物の管理をしていたんです。両親は知らない土地へ行くような性質ではなく、あまりお金もありませんでした。わたしはさまざまな場所を見たいと思っていたので、中西部の大学に入り、そこではじめて都会の暮らしをしました。

その後インディアナ大学に進み、五年過ごしました――大学院で三年、ビジネススクールで二年です。中西部の住民は人なつこいというイメージがありますが、実際そのとおりです。彼らは人づきあいを大切にしていて、現実的です。一方、北東部の人々は、よく知りあえばすばらしい友人になりますが、それがなかなか難しい。ペースが速く、通勤などのせいで、より複雑な生活をしています。だからわたしは中西部でいい経験をしました。

ビジネススクールのあとは企業に入りマーケティングの仕事をするのが普通ですが、わたしは平和部隊に応募することにしました。そのなかに、ＭＢＡ取得者を募集してペルーに派遣し、現地の小企業で勤務させるプログラムがありました。それがわたしにとって最初の旅行でした。それに先だって数か月サンフォード大学で言語訓練を受けたので、少なくとも食事の注文とか、借りられる部屋があるかどうかを尋ねるくらいのスペイン語は身につけていました。

妻もわたしと一緒に平和部隊に参加しました。会ったのはインディアナで、彼女は大学院の修士課程でカウンセリングを学んでいました。ベトナム戦争の最中です。わたしは健康上の理由で徴兵を猶予され、そのため平和部隊への参加も危ぶまれていました。それでも、学術的な訓練だけでなく、外国で経験を積むことで自分を鍛えたかったのです。わたしたちは一九六七年にペルーに向かい、一九六九年まで過ごしました。わたしの世界観はそこで形成されました。それまでに知っていたあらゆるものと全く異なる発展途上国の文化を、はじめて経験することができました。

ダニエル　平和部隊を辞めたあと、何をするかをどのように決めたのですか？

チャーリー　平和部隊を辞めると、ニューヨークに戻って、おもに食品小売業をしているグランドユニオン・カンパニーに勤めました。食品の小売りは向いていなかったので、その子会社で生産財マーケティングをしました。こうしてはじめてビジネス界に足を踏みいれました。そこで、たしか四年ちょっと働いているあいだに、起業のようなことをしてみたいと思うようになりました。会社員の生活は面白かったけれど、出世するためにはさまざまな部門で働かなくてはならなくて、少し型にはまっていると思ったんです。

そこで、平和部隊で副所長をしていた人物が経営している中西部の会社に転職しました。手芸品の輸入をしている会社で、北東部で製品を売ることがわたしの仕事でした。数千ドル投資して会社の株主になったので、小企業を経営するとはどういうことかを俯瞰することができました。

半年もしないうちに、革製品だけを扱うほうが会社にとって有益だということがわかってきました。会社のオーナーふたりは、南米の数多くの企業と、セーターや壁掛け、手織りのラグ、装身具などさまざまな商品の取引を続けることを望んでいました。そのため、さまざまな製品をさまざまな小売店や部門に対して販売しなければならず、とても複雑でした。わたしは革製品に特化することで、同じ仕様書に従って作られた商品を売ることができると考えたんです。それまで手芸品というと、製品のサイズも色もまちまちでした。店主は〝手芸〟品を管理することができず、ときにはサンプルとはまるで異なる製品が届くこともありました。

同僚たちは革製品への特化に賛成しなかったので、ひとりで始めることになりました。最初のころは、財務や経営などの運営を扱うパートナーがいて、わたしは営業や顧客窓口、商品開発などに集中していました。一九七五年のことです。

ダニエル　バッグの専門家として、はじめて旅をする人々にアドバイスをいただけますか？旅には荷物がつきものです。それに関する哲学はお持ちですか？

チャーリー　そうですね、わたしにいくらかの知恵があるとすれば、頻繁に旅をする人々と同じようなものでしょう。今日では、求められているのはふたつの点です。高性能であることと、快適で長持ちすること。最も嫌がられるのは、壊れやすいバッグですね。穴が空いたり、車輪や取っ手、ファスナーが壊れるもの、縫い目がほどけてしまうもの。旅をしているとき、代用品を探したくはないですから。

この二五年で、キャスターつきのバッグが一般的になり、はるかに動きやすくなりました。昔も四つの車輪がついたバッグがありましたが、まっすぐ立たないので、立てかけなくてはならなかったんです。床を引いて運ぶことはできても、倒れやすかった。手で持ちあげて運ぶよりは楽ですが、いまひとつでした。

九〇年代にまっすぐに立つ、車輪が二つのバッグが登場し、かつてより苦労なく運べる車輪が四つのものがそれに取って代わりました。

また、バックパックもとても一般的になりました。いまではキャリーオンバッグと同じくらいの、あるいはそれ以上の容量の旅行専用のバックパックもあります。多くのバッグの側面はセミソフトかハード素材でできていますが、大容量のバックパックはソフトな素材です。しかも詰めれば二〇キロほどの荷物が入ります。バックパックを背負っていれば両手が空くので、携帯機器を持ち、いつもアプリやメールを見ている人々が多い今日では便利です。とはいえバックパックは容量の大きなものがいいとはかぎりません。ファスナーつきで旅行鞄として使うためにスーツケースのように完全に開けることができて、荷物の出し入れが簡単にできるものがいいでしょう。

そこで、四つの車輪がついた高性能のバッグで長持ちする設計のもの、あるいは旅行用に作られたバックパックをお勧めします。

ダニエル　わたしはいつも、旅行に持っていこうとしているすべてのものを広げてみて、実際にはそのうち半分だけを持っていくというルールを自分に課しています。少し強迫観念のようなところもあるのですが、持っていったものは必ず使うようにしています。

チャーリー　いや、本当にそのとおりですね。わたしにはもうひとつ別のルールもあります。手持ちのバッグに必要なものをすべて入れるんです。そうすると空港でのチェックインも早く済むし、行き先で荷物を待つこともなくなります。空港で四〇分くらい待たされることもありますからね。それはあまり効率的ではありません。

ダニエル　そうですね。わたしもたいていそうしています。去年ヨーロッパにスキーに行ったときも、ブーツを手に持って、板は頭の上まで突きでるようなケースに収めました。荷物を預けないために、あらゆることをやります。

チャーリー　そうそう。絶対にそのほうがいいですよ。荷造りのしかたを学ぶと、とくにさまざまな人々に会い、何日も過ごす場合には、何度も着ることができるものと、服装に合わせられるものを組みあわせて、毎日同じ外見にならないことがとても大切です。もちろん、長期間の旅行では、服を洗濯してもらえば、大きなバッグでなくても旅行ができます。

ダニエル　そうですよね。わたしはいつも恥ずかしがらずに自分の洗濯物をホテルに預けます。なくなったこともないし、そうすることで、手荷物ひとつでどこでも旅に行けます。

チャーリー　条件があるとすれば、同じホテルに二泊以上しなければならないということだけですね。

ダニエル　そうです。あとは朝五時までに仕上げてもらうために、追加料金を払わなくてはならないこともありますね。ところで荷物の話題と言えば、ＲＯＡＭというあなたの新作のバッグについて教えてください。デザインがいいですね。

チャーリー　ええ。ここ数十年のあいだに、黒いバッグで旅行する人がとても増えました。汚れが目立たないので、廃《すた》れることはありません。見栄えもいい。けれどもそのため、いままでは黒いバッグばかりが溢れかえっています。この時代、人々は自分の個性を主張したいでしょう。着る服や家の内装、運転する車など、さまざまな製品で個性を主張しています。ところがバッグの世界では、かなり〝均質性〟が行き渡っています。

わたしたちは、市場は成熟していて、人々が自分で配色を選び、最終的にはバッグをカスタマイズするという発想が受けいれられると考えています。これはほかの製造業者にはできないことです。というのは、バッグの九八パーセントがアジアで生産されていて、工場は大量生産が前提であり、しかも少なくとも型ごと、色ごとに五〇〇から一〇〇〇は同時に発注しないと値段が上がってしまいます。しかも時間がかかる――通常で生産に三か月、輸送に一か月かかります。そこでわたしたちは、アメリカで生産することにしました。基本的にオーダーメイドです。ウェブサイトを用意していて、一〇分くらいでバッグの色の組みあわせを選択できます。そしてそれぞれの個性に応じた個人的なバッグが手に入るのです。

ダニエル　すごいですね。この本にそのウェブサイトへのリンクを載せておきますね。

ROAM のウェブサイトは以下　www.roamluggage.com

チャーリー　品質も最高で、その点もわたしの考えを反映しています。素材はポリカーボネートで、とても強力で壊れにくく、超軽量なうえにアメリカ製です。最高の製造業者による、可能なかぎり最高の部品を使いたいので、いくつかは海外から取り寄せています。しかしほかのプレミアムブランドと比べて、価格は三割以上抑えています。それはアメリカ国内で製造し、顧客と直接取引をしているからです。品質にはいっさい妥協はありません。

ダニエル　魅力に負けてしまいそうです。購入したらウェブサイトに記録が残りますよね。

チャーリー　顧客としてお迎えできれば嬉しいですよ、ダニエル。

ダニエル　実はどの色の組みあわせがいいかを選んでいるところなんですよ！　では、長年のあいだに訪れた場所についてお話しさせてください。たくさんの国や大陸のなかで、幾度も思いかえす場所はどこですか？

チャーリー　最も大きな意味がある旅行は、もちろん最初の海外への旅になったペルーだと思います。そして、それ以外の南米諸国も訪れました。ペルーは魅力的な国です。恥ずかしながら、再訪したのは四〇年も経ってからでしたが。妻と一緒に、二〇一二年に旅したんです。たくさんの善意に触れ、世界観を広げてくれた国に再び訪れるというのは、とても心温まる経験でした。発展途上国の人々からアメリカがどのように見られているのかを知ったのは役立ちました。彼らにとっていちばん大切なことは毎日の暮らしの改善です。

そこにはとても親密で、とても温かい文化があり、人々は好奇心を持っています。人と会うことが好きで、自国の文化を誇りにしています。食べ物や文化への情熱があります。四十数年前、国が変わっていくのを見られたのはすばらしいことでした。それ以来、さまざまな点でペルーは近代化しています。人口は三〇〇〇万人を超し、そのなかにとても多くの先住民が含まれています。

インカ帝国の言語はまだ（わたしの考えでは）およそ人口の四割の人々が話せます。リマは洗練された国際都市です。ペルーの山々に入ると、いまだに古代インカ帝国とのつながりが感じられます。クスコまで登ったことがありますが、そこは世界的な歴史都市で、インカ帝国の首都でした。そういうわけで、まずはペルーですね。

ほかの国は、正確ではありませんが、たぶん五〇カ国ほどを訪れたことがあります。思い起こすと、そのほとんどすべての国に何かいいところがありました。ひとつを挙げるのは難しいですね――イタリア、スペイン、フランス、イギリス。プラハやウィーンのような都市。スカンディナヴィア半島の都市――ストックホルム、コペンハーゲン、ヘルシンキ。アムステルダムは運河や旧世界の雰囲気のあるみごとな都市でした。

わたしは、他国の人々が国際的な秩序についてどう見ているのか、そして自分の国がそのなかでどう位置づけられているかを知ることが大切だと思います。彼らが自分の世界観を語るのを聞いていると、わたしたちは国境の先にまで目を向け、自分のことを語るのではなく人々の言葉を聞かなくてはならないと感じるんです。

ダニエル　本当にそうですね。わたしの家はかなり政治に無関心だったんですが、両親はよく旅行をしていました。旅でいちばん大きなことは、他国の人々がアメリカ人や、アメリカが世界に及ぼしている影響をどう見ているのかを意識せずにはいられないということでした。だからといって自分の意見や信念、あるいは文化的な決まりを修正する必要があるということではなくて、ぼくはただ、それによって、なぜ自分とちがう考えかたをする人がいるんだろうという新鮮な視点を手に入れることができると思うんです。それを理解するには、どこか異国で実際に時間を過ごさないと難しいでしょう。

チャーリー　今日、あらゆる国や文化が直面している困難を解決する方法はさまざまです。ひとつの国、あるいは都市、あるいは宗教がすべての答えを持っていると考えるのは行き過ぎだし、まったく思いあがりではないでしょうか。自分の核となる価値観や信念を貫くべきというあなたの考えに同意しますが、また同時に、ほかの国でうまくいっていることを知るためには、自分自身の枠、境界線、暮らしかたを超えた視点を持たなくてはならないと思います。アメリカという国やその民主主義からたくさんのことを学んできた国々もあります。だからわたしたちも、彼らから学ばなくてはならないでしょう。そうしないのは、とても愚かなことです。そして、もし人々がグループからはずれてひとりで旅をすれば、新しいものに出会う機会が増え、より多くを学ぶことになるでしょう。もちろん、グループ旅行にもすばらしいものは多く、一概に否定するわけではありませんが、わたしはひとり旅をするべきだと思います。おっしゃったとおり、実際に外国で暮らすことは、普段とはちがう経験に自分を浸すためのまさに最善の方法です。

ダニエル　そうですね。それは自分がどんな旅の局面にいるかによると思います。わたしはこの本のためにトニー・ウィーラー［ロンリープラネットの創業者］と二週間ほどまえに話をしたんですが、彼はこう言っていました。「シドニーのオペラハウスの外で車のなかにいて、巨大なクルーズ船を見ているよ。正直なところ、クルーズ船の乗客の気持ちはまるで理解できない。でもたぶん、彼らは旅をしているんだろうね」と。それからそれについて面白い会話をしました――もし彼らが安全に思える巨大な船に乗って移動し、外国の都市を数時間経験するだけだとしたら、「つぎは自分たちでやってみよう。これでちょっとだけ旅を味わうことができたんだから」と考えるための第一歩になるかもしれない、と。

チャーリー　まさにそうですよ。ヨーロッパの人々は、すぐ近くにたくさんの国があるという利点があり、すぐれた旅人です。異なる言語や異なる文化のなかで気楽に過ごすことができます。アメリカはカナダとメキシコという隣国はありますが、両側を海で隔てられているので、たくさんの小さな国々や文化を簡単に訪れることはできません。

ダニエル　そのとおりです。

チャーリー　日本人はあなたが言ったことのよい例ですね。何十年かまえ、多くの日本人はグループ旅行ばかりしていました。いつも数十人が列を作って進み、迷子が出ないように、ツアーガイドが旗を高く掲げていました。いまでは日本人は、とくに若い人々は、自由にひとりで旅をするようになり、よその国の文化を体験することを楽しみにしています。でもはじめてとか二回目の旅をするという人々にとって、たしかにグループ旅行は安心を与えてくれますね。そして年齢が上がるほど、ほかの人に手はずを整えてもらって旅行するほうが簡単で、心地よく感じるようです。

ダニエル　五〇カ国に行かれたというのはすごいですね。わたしはせいぜい三五から四〇カ国くらいです。これまでに訪れたことがなくて、ぜひ訪れてみたい国を挙げていただけますか？

チャーリー　ロシアには行ったことがありません。バルト諸国にも。わたしの母の家族はリトアニアからの移民なので、ぜひ訪問したいと思っています。時間とともに、海外に行くことが増えていきました。長年してきた旅行は、ビジネスや、仕事の内容や、その前後に観光できるかどうかによって影響されていましたので、たとえばワルシャワには一日しか滞在したことがないんです。ワルシャワにもう一度行きたいですね。インドも未経験なのでぜひ行ってみたいです。

ダニエル　いいですね。この質問はみなさんにしていて、とても興味深い答えをいただいています。旅行で大変なことが起こったことはありましたか？　フライトがキャンセルになったとか、迷子になったとか。

チャーリー　そうですね、そこまでひどいことはなかったかもしれない。でも、たしか妻と一〇代の子供たちを連れて旅していたとき、面白いことがありました。わたしはいつも、離陸の直前にならないと空港に着かないと言われていました。ミーティングなど、ぎりぎりまで仕事を詰めこんでいたんです。それであるとき妻が、スペインからの帰国便に乗るとき、十分に余裕を持って空港に行こうと言いました。そこで朝五時に起きて、前日の晩に用意してあった荷物を持つと、車で空港に向かい、借りていた車を返却しました。ところがカウンターはがらがらでした。人が誰もいません。「早く着きすぎて、まだカウンターも開いてないじゃないか」とひとり言を言いましたよ。ところがなんと、掲示板を見ると、わたしたちの便はもう前日に出てしまっていたんですよ。

ダニエル　わたしも同じような経験があります。不思議ですよね。

チャーリー　そのまえに便を変更していたんです。妻に一日早めるように伝えていて、しかもチケットはそのとおりの日付のものだったんですが、最初の日付が頭に刷りこまれていたんです。家族四人でそこに取りのこされることになりました。イースター休暇は終わるので、子供たちは帰らなくてはなりません。運よく、そのころはまだあまりシステムも複雑ではなかったので、別の航空会社の便を取ることができました。しかももとのチケットの払い戻しまでしてくれたんです。いまでは考えられないことですね。

また、カナダに行ったときのこともあります。七月一日に、ビジネスである人に会うことになっていました。調査旅行だったので、予定を決めずに現地に入りました。そして飛行機を降りてみると、街に人がいませんでした。カウンターの女性に尋ねて、その日はカナダデーだということを知りました。

ダニエル　ええ、アメリカの独立記念日とよく似ていますよね。

チャーリー　その日をどうやって過ごしたかよく覚えていませんが、ともかく予定はめちゃくちゃになりました。それから、ブリーフケースを盗まれたことは二回くらいあります――一回はパディントン駅で、もう一回はラスヴェガスで。イタリアでスリに遭って、サイフをなくしたこともあります。ドイツでも同じことがありました。ドイツではなんと、前についたポケットから財布を盗まれたこともあります。列車に乗るときに身体を揺すられて、「おい、何をするんだ」とわたしは言いました。その男はわたしを押しのけて通りすぎました。財布がなくなっていることに気づいたのはその三〇秒後でした。列車を飛びおりて男を追いかけましたが、逃げ足が速くどこかへ消えていました。

ダニエル　わたしはかなり幸運でした。荷物をなくしたことがないんです。唯一盗まれたのは電話でしたが、それもレストランを出るまえに取りもどすことができました。五分ほど歩きまわるうちに三、四個の携帯電話を盗むという犯人でした。でもあなたと同じように、それで旅をやめようとは思いませんでした。ただ、それまで以上に気をつけるようになりましたね。

チャーリー　ええ。わたしはアムステルダムにいたとき、ダッフルバッグを車のなかに置いていました。中身はビジネス用のファイルでした。車に戻ると窓が割れていて、ファイルごとバッグがなくなっていました。近所の交番を探し、そこまで歩いていきました——あまり遠くないところにあったんです。それを盗んでなかを見た犯人は、ビジネス書類しか入っていなければ捨てるだろうと思ったんです。実際に、誰かがそれを拾って、警察に届けてくれていました。同じことが東京でもありました。そのときも翌日警察に行くと、誰かが拾ってくれていました。ひどいことばかりじゃありません。

III

なんでも食べられるようになる

知られざる旅の効用

多くの人は、大人になるまでにはっきりと好き嫌いを意識するようになる。好きな食べ物や音楽、友人のタイプ、政治など。

当然、そうした好き嫌いは旅の行き先にも影響を与える。モンゴル人のうちわずか三パーセントしか英語を話せないと知っていてなお、シベリア鉄道に乗ってモンゴルを横断したいと思うだろうか？ インドで、間違いなく腹を下すとわかっている食べ物を飲みこめるだろうか？ ロシアに行き、〝よそ者〟だと知られたら人々の態度が変わるのではないか？

新しい経験に自分をさらすことに取り憑かれた冒険好きなタイプの人々がいる（それに、この章で紹介するように、旅には中毒性がある）。だがそうでなければ、自分が快適に感じるものすべてを変えようとは思わないだろう——とりわけ、休暇中には。

わたしはジョージア州のアトランタ郊外にあるフェイエットヴィルで育った。地元でいちばんのレストランは（メキシカンレストランのエルランチェロを除けば）ファーストフード店のチックフィレイだった。笑われるかもしれないが、フェイエットヴィルはチックフィレイの拠点であるヘイプヴィルから車ですぐの場所で、街にあったチックフィレイはきちんとした食事のできる店だった。

わたしは外国の料理に慣れていなかった。チキンナゲットやマカロニ・アンド・チーズ、それにいろいろな種類のパンが大好きだった。

わたしがはじめてビジネスでインドと中国を訪れることになったときの不安は理解してもら

えるのではないだろうか。わたしはインド料理店で食事をしたことすらないまま、ムンバイで飛行機を降りた。

いまから考えれば外国の料理に対する恐怖心は取るに足らないものだが、当時は本当に怖かった。いったいどんなものを食べさせられるんだろう、とわたしは自問した。

夜どおし嘔吐を繰りかえす〝デリー腹〟の恐怖については友人から聞いていた。出発の前日、生協へ行ってバックパックに入れる携行食を四食分買った。これで何が起きても大丈夫だと思った。

いつものように、わたしの考えは間違っていた。わが社のインド支社長セッシュは、この上ないツアーガイドだっただけでなく、上司であるわたしにはじめてのインドで決して嫌な思いをさせなかった。

彼はインドをめぐったその週、わたしにさまざまな種類の食べ物を食べさせたり、あるいは食べるのを控えさせたりした――そこには一見、なんの脈絡もないように思えた。わたしが食べてはいけないと思っていた露店のフルーツを勧めてくれたかと思うと、翌朝五つ星のレストランで朝食をしたときにはシリアルに牛乳をかけるのをやめさせたりした。

三日目くらいに、わたしは自分が食べたほとんどすべてのものが大好きになり、つぎの食事を心待ちにしていることに気づいた。バックパッカー用の食料はスーツケースの底から出されることはなく、インド料理はスパイシーで強烈だという思いこみは消えていた。

運がいいことに、そのあとわたしは携行食を捨てずに持ち歩いていた。

二週間後、北京で会合があった。それまで中国を訪問したことはなかったが、ひとつだけわかっていたのは、中国料理が好物だということだった。携行食をスーツケースに入れていたのは、一二時間の時差に慣れるのは簡単ではなく、店も開いていない午前三時に腹を空かして放りだされるのが嫌だったからだ。

到着した夜、わたしはホテルの部屋に入ると、母に教わったやりかたで、アイロンを逆さ向きに置いてその熱で鍋の水を温め、携行食をなかに入れた。着いたのは遅い時間で、夜中に外に出たくなかったからだ。あとで思い知らされることになるが、一度に食べすぎないように量を制限しておけばよかった。

のちに知ったことだが、わたしたちがアメリカで食べている中国料理はただのアメリカ料理で、米が主食ということのほか、現地の料理とは何ひとつ共通点はなかった。

翌朝、中国側の人々と会食することになった。ほとんど博物館のような、先方の社史をたどる長い部屋を見てまわったあと、食事の席に着いた。

中国のビジネス文化は、外国の会社と会合を行うときには、できるかぎり大勢の人々を引き連れてくることにあるのだと、わたしはすぐに理解した。交渉はたいてい重役二、三名による小規模な会合で行われるという、わたしが慣れ親しんだ文化とは正反対だった。

巨大な広間へとエスコートされ、見たこともないほど大きな円卓に着席した。座席札があったかどうかは覚えていないが、わたしがすわるべき場所は一目瞭然だった。先方のCEOとわたしが主賓で、ほとんど英語が話せない彼の隣にすわり、わたしの通訳の席は反対側の隣にあった。

わたしの皿の正面に巨大なフラワーアレンジメントが置かれていたため、卓上のほかの人の顔はいっさい見えなかった。

わが社のCFOで、この旅行を取り仕切った頼みの綱のテオは、数人離れたところにいた。わたしたちの来訪を祝って、卓に着いた三〇人全員の乾杯の準備がされた。値段もアルコール度数も明らかに高そうなライスウォッカの瓶が開けられた。

ショットグラスがハーフサイズでなかったら、わたしはどうなっていたかわからない。

そのつぎに起こったのは、一対一の乾杯の連続だった。ひとりが何かを言い、それが通訳され、乾杯した人物にはもう一杯酒が注がれる。

当然のことだが、はじめに乾杯されたのはわたしだった。なにせわたしがこの席の主賓なのだから。最初の乾杯をしたあと、テオはわたしに身を寄せて言った。「必ずお返しの乾杯をしてください。少し待ってから、同じようにするのが儀礼です」。わたしはそのとおりにして、二杯飲むことになった。

それから延々と四五分間、わたしはそれからさらに五回も乾杯をして、合計一二杯飲み干すことになった。ハーフサイズのグラスとはいえ、午前一一時にそれだけ飲むのは多すぎた。

そのときにはよくわかっていなかったが、つぎに起こったことを考えれば、酔っ払っていたのは運がいいことだった。

昼食が始まり、スタッフが回転テーブルにさまざまな料理を運んできた。わたしがすわっている側のテーブルの端は料理が運びこまれる出入り口に近く、わたしはそれぞれの皿が置かれるのを見ることができた。このときには巨大なフラワーアレンジメントはなくなっていた。

主賓のもうひとつの義務は、テーブルに置かれたすべての料理をはじめに味わうことだ。詳細を語ることはしないが、それはともかく、わたしが耳にしたことすらなく、また耳にしたいとも思わないような、各種の動物の臓物だったということはお伝えしておこう。

さまざまな家畜の臓器のなかで、とりわけ貴重な食材は性器だった。

運ばれたばかりの皿について、まずウェイトレスが中国語で説明し、それを通訳が英語で繰りかえした。わたしはそのたびに一口食べ、食卓の人々に向かって晴れやかに、「すばらしい味です。どうもありがとう」と言うのだが、どうにか早く終わってくれと願っていた。いくつかの料理がまわってくるだけのそのたの人々とはちがい、わたしは役目としてどの皿も少なくとも一回は味わわなくてはならなかった。

料理がすべて運ばれ、それからまた数回乾杯したときには、わたしはすっかり酔っ払っていた。午前一一時に、スーツを着てすわっているわたしは完全に役立たずになっていた。

わたしたちが会合を行う中国側の代表者は、どうやらわたしをネタにして、冗談を言いはじめた。卓を囲む人々は立てつづけに声をあげて、まるでパンツもはかずにそこに現れたかのようにわたしを笑っているようだった。

わたしは勇気を出して、通訳にその冗談の意味を聞いてみた。ところが彼もあまりに笑いすぎていて、わたしに英語で説明することができず、ただ「ゼン氏はあなたがとても面白いかただと言っているのですよ」とだけ答えた。

幸い交渉中は、ほとんど乾杯を避けていたCFOのテオが代わって話をしてくれた。

この二カ国での食べ物にまつわる経験を書いたのは、わたしの食生活がマカロニ・アンド・チーズばかりではなくなったからだ。いまではたいていのものは食べられる。生魚からレアのステーキまで、食べられないものはない。一七歳のころの自分が知ったらきっと驚くだろう。

わたしはいつも旅が好きだった。だが、なんでも食べられるようになることを目指したわけではなかった。それはやむをえず飛びこんだ状況によってもたらされたものだ。不当に敬意を欠いた振る舞いをしないためには、食べるしかなかったのだ。

フィル・ローゼンタール　腹ぺこフィルのグルメ旅

フィル・ローゼンタールの名が最も良く知られているのは、テレビドラマ『HEY！レイモンド』（一九九六－二〇〇五）のクリエイター、シナリオライター、プロデューサーとしてだろう。現在はネットフリックスの『腹ぺこフィルのグルメ旅』のホストとして世界中を旅している。ちょうどシーズン2まで収録が終わったばかりのこの番組で、フィルは視聴者を世界をめぐる旅へと連れだし、数多くの国の食べ物を平らげている。

ダニエル・ホートン　フィル、これまでに訪れたいくつかの場所について話してください。そして、いま制作中の番組について、手短に概要を教えていただけますか。

フィル・ローゼンタール　この番組では、おいしいものが食べられる世界中の場所を紹介し、視聴者を旅へと誘っています。はじめのころ番組紹介に使っていた文句はこうでした。「わたしがやっているのは、アンソニー・ボーディン［アメリカのシェフ、作家、番組司会者］と同じことです。ただしわたしは彼とちがって、何かにつけ不安になりますが」

おそらく大勢の人が、わたしのようにソファに寝ころがって番組で彼を見て、英雄として崇めていたでしょう。「すごい人だ。あんなことはとても自分にはできない」と思いながら。

わたしのようなドジな人間が外国へ行って同じことをすれば、誰もが「あいつにできるなら自分にだってできるさ」と言うはず。それがこの番組の狙いなんです。

わたしがこれをやっている唯一の理由、そしてボーディンがいとも鮮やかに蘇らせたジャンルでわたしに提供できる唯一のもの、それはユーモアのセンスです。食べ物は人と人をつなぐ、という誰もが持っている信念――わたしはそこに、笑いを添えてみたんです。

ダニエル　子供のころのことを教えてください。遠い場所や異国を訪れた、はじめての旅の経験はどんなものでしたか？

フィル　旅を始めたころはお金がありませんでした。八〇年代初頭には、ニューヨークで売れないアーティストをしていました。海外に行ったことはなく、旅そのものも、ほとんどしたことがなくて。物流会社のＤＨＬにまだ専用の貨物機がなかったころ、運送の仕事をするようになりました。会社は重量超過手荷物として貨物を運ばせていました。たとえばスイス航空の便に誰かを乗せ、運ぶべき荷物を重量超過手荷物として輸送したんです。そうしたほうが安上がりだったからです。

仕事は荷札を運ぶだけです。たとえばチューリッヒで飛行機を降りて、ＤＨＬの社員に荷札を渡します。それから二週間はヨーロッパを自由に歩きまわれます。会社から給料をもらっているわけではないので、何をしてもかまいません。対価は航空チケットだけでしたが、それで十分でした。

わたしはそんなことをしていました。二週間ヨーロッパで過ごし、同じ方法でアメリカに帰る。何度かそれをやって、それからは友人と、火曜か水曜にチューリッヒやフランクフルト、ブリュッセルに着くように調整して、そこで落ちあって二週間過ごし、また帰国するようになりました。

それからひとりの女性と知りあい、やはり同じことをして……のちに結婚しました。パリに一緒に行くというのは、永遠の誓いのようなものでしょう？

ダニエル　おっしゃるとおり。

フィル　それがわたしのはじめての旅行でした。最初にパリに行ったのは一九八三年です。あちこち歩きまわり、「ここはなんて美しいんだ」と思いました。一日のあらゆる時間がすばらしくて、「これは忘れずにいたい。この感覚を」という感慨を覚えました。それはわたしの人生と世界観を変えました。

どういうことかというと、ニューヨークのワシントンハイツに戻ってきて、アパートメントの近くのフォート・トライオン・パークのなかを歩いていたとき、ふと気づいたんです。「そもそも、これはヨーロッパ風じゃないか！」と。なぜわかったのか？　それは自分でそこを訪れたからです。ここにだって美しい木はある。それはパリだけではないんです。ところが比較対象を持っていないと、そのよさに気づけなかった。そうでしょう？　それが旅の効用です。旅は心を開いてくれる。旅以上にわたしたちの心を広げてくれるものは世界のどこにもありません。

それは人生を変えます。わたしはみなに言うんです。「いいかい、とくに今日では、外国に行ったときに礼儀正しくしていないと、きみがわが国の大使であるかのように悪い印象を与えてしまう。だから変な振る舞いをしないことがとても重要なことなんだ。そしてそれ以上に、そこから持ち帰るものは、人生を豊かにする。それはきみの世界観を完全に変え、これからの人生に対する考えかたを完全に変えてしまう。それは金では買えないものなんだ」と。

ダニエル　番組を始めたのは、誰にでもできることだと示すためだったと言われましたが、この本でわたしがやろうとしているのも同じことです。はじめての海外旅行は予約するのも大変ですし、計画を立てるだけでも多くの人がうんざりしてしまいます。わたしがこの本でさまざまな人の見解を伺っているのは、テレビに出演し、世界中を旅しているあなたのような人にも、〝はじめての旅〟があったんだということを読者のみなさんに知ってもらいたいからなんです。あなたから人々に、飛行機の予約をして、世界中へ飛びだすよう背中を押してほしいのです。

フィル　それらは、番組に対する反応のなかでも最高のものです。インスタグラムやツイッター、フェイスブックで、旅をしようと思ったことで人生が変わったというメッセージをもらったり、番組と同じ場所や同じレストランへ行った、あるいはそこで同じ料理を食べたと伝えられたり。けれどもそれ以上に、彼らはそこで人々に出会い、旅とはなんなのかを理解します。それが人生をよりよくしてくれるものなんです！　いまでは旅をしない人生なんて考えられませんね。

旅はわたしを幸せにしてくれます。だからずっとこの番組を続けたいんです。そうした視聴者の反応によって、彼らの人生が変わったことを知り、それが彼らにとって意味があることだったと知るために。すぐには旅に出られないとしても、その重要性を理解してくれるでしょう。

それが目標になり、貯金をする動機になる。そうじゃありませんか？

ダニエル　まさにそうですね。あなたの旅のなかで、行き先についてあらかじめ予想していたのと、実際に行ってみたらまるでちがったという場所はどこでしたか？　わたしは、インドでそんな経験をしました。そこにどんなものがあるか、知っているつもりでいたんです。インド系の人々も子供のころからよく知っていました。インド料理も食べたことがありました。ところがはじめて実際に行ってみたら、それまでの見解はがらりと変わってしまいました。そのことに、とても驚いたんです。あなたにとってそんな場所はありましたか？

フィル　そう言われて、香港のことを思いだしました。巨大なチャイナタウンみたいなものだと思っていたんです。まさか驚異的な世界都市があるとは思ってもいませんでしたね。別名、極東への門。そこは貿易の窓口ですからね。でもそれ以上に、世界中から影響を受けている場所です。

香港ではパリのアンジェリーナのココアを飲むことができます。ニューヨークにも入ってくるという話は聞いていますが、まだ手に入りません。香港にはなんでもあるんです！　全体が世界都市なんですよ、香港や東京は。まさに圧倒されました。

ダニエル　おっしゃるとおりです。わたしも去年はじめてそのふたつの都市に行き、衝撃を受けました。

フィル　おそらくイギリスの支配が長かったこともあるのでしょうが、驚くべき都市です。楽しいし、まるであらゆる場所がパーティ会場のようです。

ダニエル　わたしは去年ラグビーの香港セブンズ［七人制ラグビーの大会］の試合を観戦するために訪れて驚きました。

フィル　ひとつ話をさせてください。もしすでに知っている話だったら止めてほしいんですが、ＰＢＳでやっている『I'll Have What Phil's Having／フィルが食べているものを食べよう』という番組のことです。一九八〇年代に、わたしはイタリアに行きました。最初は、例の運送の仕事のときでした。夜行の貨物列車のいちばん安い切符でパリからフィレンツェへ移動したとき、自分と同じくらいの年齢のふたりの若者と相席になりました。若い男女のカップルでした。ひと晩飲み明かして、フィレンツェを訪れるあてはあるのかと聞かれました。彼らの父親がやっているパン屋に行ったらどうかと言われたので、行くことにしました。彼らが気に入ったし、ほかに行くところもなかったからです。

それは一九八三年のことでした。そのパン屋に着くと、父親はアメリカ人に会ったことをひどく喜んで、「アメリカだ！　ジョン・ウェインの国だ！」と言いました。そして店外のテーブルにわたしをすわらせ、そこにあるパンを全種類持ってきて食べさせてくれました。

それから肉屋とピザ屋をやっている隣の家の友人を呼んできたんですが、みなわたしに食べさせる食べ物を持ってきました。それはわたしがアメリカ人だからです。想像できますか？　ただの二三歳の男ですよ。まだほんの子供です。まるでフランク・キャプラ［アメリカ合衆国の映画監督］の映画の一場面のようでした。信じられませんでしたよ。それまでそんな扱いをされたことはありませんでした。それでもちろん、わたしたちは生涯の友人になりました。

その後連絡が途絶え、そのまま二七年経ったのですが、妻が見つけた古い手紙に住所が書いてありました。そのころわたしはロサンゼルスに移り、ライターの仕事を始め、懸命にやっていました。彼らとのやり取りはずっとありませんでした。まだインターネットも何もない時代で、連絡のしかたもわからなかったところに、妻が住所を発見したんです。

そこでわたしたちは訪ねてみることにしました。番組のために撮影しながら歩いていくと、彼らがそこにいました！　番組のなかで再会したんです。その後も二、三度会いに行きました。

ダニエル　計画どおりにいかなかった旅の話を聞かせてください。

フィル　特別な場所に行こうとして、着いてみると閉まっていたということは何度かありました。ところがそういうことがあると、いつも必ず不思議なことが起こるんですよ。誰かと「ああ、この場所を見にきたんですか？」「そう、先週閉まってしまったんです」「今シーズンは開いていませんよ」といった会話を交わすと必ずそのあと、「こちらへどうぞ。招待しましょう」という展開になるんです。そしてそこの家族と知りあい、魔法のような時間を過ごすのです。もし目的地に行くことができていたら、絶対に経験できなかったような体験ですよ。本当に不思議な力が働くんです。わたしたちはそれを「バケーション・マジック」と呼んでいます。そこへ行くと、世界が何かを企み、最高の時間をもたらしてくれるのです。

世のなかにはひどいことも起こるものですが、わたしはまだそうしたことには遭っていません。これまでで最悪の出来事があったのは、サイゴンで撮影をしていたときでした。すべて収録を終えたことをたしかめて、ホテルに向かっていたときでした。何も考えず、わたしは携帯電話を見つめて道を歩いていました。自分がどこを歩いているかすら目に入っていませんでした。

すると、スクーターに乗った男が接近し、わたしの手から携帯電話を奪っていきました。

ダニエル　高額の携帯電話でも持っていたのですか？

フィル　世界で最も多発している犯罪です。怪我をしなくて幸いでした。男に向かっていって轢《ひ》かれなくて幸いでした。突然近づかれ、盗難に遭ったのは恐ろしかったけれど、考えてみれば、人目につくように携帯電話を出して外を歩いてはいけませんでしたね。あの男にとってあれは一年分の稼ぎにも匹敵するでしょう。わたしたちはそれを持っているのを当然だと思っていますが、なんて恵まれているんでしょう。とはいえ、そのことのほかは、ベトナムの人々はみな優しく、歓迎してくれました。訪れたことはありますか？

ダニエル　ありません！　ずっと行ってみたいと思っていて、今年中にはぜひと思っています。

フィル　事前にイメージを抱いていた場所に、実際に行ってみるとちがっていた、ということはたしかにありますよね。サイゴンでのエピソードで話したんですが、それまでベトナムについては、子供のころから見ていた戦争映画やニュースでしか知りませんでした。何も知らなかったも同然です。

そこへ行くのは怖かったし、「あまり楽しくないんじゃないか」と思っていました。でも訪れたことのある人々はみな、そこが気に入ったと言っていました。行ってみると、とても若い国で、戦争の話をしないばかりでなく、みんな戦争が終わったあと生まれた人々でした。彼らは戦争にこだわっていませんでした。彼らにとってアメリカ人は旅行者や観光客、隣人という感覚で、とても優しくて、そのことにとても驚きました。

ダニエル　旅と食べ物の関係について少しお伺いします。食べ物はあなたの番組のテーマですが、世界中の地域が見られるという理由で視聴している人はたくさんいます。また旅よりも食べ物にとても関心を持っている視聴者もいます。そのふたつは、あなたにとってどのような関係ですか？

フィル　わたしはまるで旅をせずに育っただけでなくて、子供のころあまりおいしいものを食べていなかったんです。両親は労働者で、よい食事を重視しませんでした。食べるのは両親が好んで買ってきた安いものばかりでしたね。子供のころ、マクドナルドに連れていってとせがんだことを覚えています。それは子供だったわたしには味わったことのない、とてもおいしい食べ物でした。

大学に入って家を出ると、いろいろなものを食べるようになり、すぐに夢中になりました。はじめてヨーロッパに行ったとき、衝撃を受けたのは何を食べてもおいしいということでした。食べ物を通じて、人と知りあいになれます。とても重要な仲立ちになるんです。それはただ単なる食事を超えた社会生活なんです。旅との関連で言うなら、食べることで、わたしたちは文字どおりその国の文化を取りいれることになります。

とくに東アジアでは、人々がいちばん大切にしているのは食べることです。彼らはそれを仕事にしている。高価なものでなくても、道で売られている食べ物でも人生で一度も食べたことがないほどおいしいのです。彼らはその味を高めることで暮らしています。

ダニエル　これからはじめて海外旅行をする人に伝えたいことはなんですか？　あなたは視聴者に世界を見せるという大きな役割を担っています。収録中、どんなことを考えていますか？

フィル　わたしは視聴者に懇願しています。ヴェネツィア編の終わり間際を観てもらえればわかりますが、エンディングのあいだずっと、わたしはこの場所に来てくださいとお願い、いやむしろ、すがるように懇願している。ここに来て、わたしと同じものを食べてください。必ず食べてください、と。これ以上に心を広げるものは世界のどこにもありません。他者の経験をほんの少ししてみるだけで、人生は必ずよくなります。世界はとても美しい。ところがわたしたちは家のなかでテレビを観るばかりで、現実だと思っていないので、そのことを知らないのです。ディズニーランドには現実世界を模した世界がありますが、そこで見るものは本物ではない。写真のなかの女性にキスをすることは、本物の女性にキスをすることとはちがうのです。

アメリカ人の三分の二はパスポートを持っていない。ご存じでしたか？

ダニエル　ええ、とても信じられないことです。それをときどき思いだしては首をひねっているんです。

フィル　もしかしたらわたしの番組がいい影響を与えられるかもしれませんね。それにほかにもたくさんすばらしい人々が番組を作っているので、べつにわたしの番組を観なくたっていい。サマンサ・ブラウン［アメリカの旅番組『トラベル・チャンネル』の司会者］やアンドリュー・

ジマーン［アメリカのシェフ、タレント。『アンドリュー・ジマーンの奇妙な食べ物』の司会者］など、世界中を見せてくれる番組はたくさんある。

ダニエル　お時間を割いていただきありがとうございます。ツイッターを通じて知りあいになれたのはすばらしいことでした。はじめは代理人を探そうとしたんですが、ツイッターで解決できました。

フィル　ツイッターは誰とでも連絡ができるのがいいですね。返信があるとはかぎらないけれど、ダイレクトメッセージを送れば知りあいになれるかもしれない。

ダニエル　ツイッターのダイレクトメッセージを開放しておくと、わくわくする冒険ができますね。

ダグ・ミルズ

大統領専用機エアフォースワンに乗って、一〇〇万マイルを移動するのはどんな気分だろうか。ダグ・ミルズは二〇年にわたってホワイトハウスを担当してきた報道写真家で、カメラによって歴史を目撃してきた人物だ。彼のキャリアを一行にまとめるなら、こうなる。彼はレーガンがゴルバチョフに「ベルリンの壁を壊そう」と言ったときにその場におり、また二〇〇一年九月一一日にジョージ・W・ブッシュと同席した（そして飛行機にも同乗した）人物だ。この対談の一週間前には、トランプ大統領が北朝鮮のリーダー・金正恩と会談したさいにも同席して、大統領から金に、「世界最高のカメラマンのひとり」と紹介されている。

ダニエル・ホートン　どこから始めればいいのかわかりません。あなたのことや、そのすばらしいキャリアについてはよく知っていますが、あなたが普段、仕事でどのような旅をされているかを簡単に教えていただけますか。

ダグ・ミルズ　もちろん、仕事でずっと旅をしています。おそらくその九割が大統領への随行で、ロナルド・レーガン大統領の時代から、世界中の国々をまわっている。大統領とともにエアフォースワンに搭乗していないときは、夏季、冬季のオリンピックやゴルフトーナメント、スーパーボウル、ワールドカップなどのスポーツイベントに出かけているんだ。

ダニエル　あなたはこの本に登場する人々のなかでもとりわけ多くの歴史を目撃されてきましたし、独自の世界観をお持ちです。長い年月を振りかえって、とくに際だった出来事はなんでしたか？

ダグ　ＵＰＩ通信社で働きはじめたばかりのころ、レーガン大統領とミハイル・ゴルバチョフが冷戦中にはじめて顔を合わせたジュネーヴ米ソ首脳会談に同行し、はじめて世界を目にしました。

ヴァージニア州アーリントンで育ち、まったく海外旅行をしたことはなかった。それどころか、東海岸から外へ出たことすらなかった。仕事の世界に入り、飛行機に乗せられ、世界で最も遠いところへ行くことになって、本当に興奮したよ。

レーガンに随行してドイツを訪問し、彼がミハイル・ゴルバチョフに「ベルリンの壁を壊そう」と言った歴史的瞬間に立ち会った。それがいちばんの出来事かな。それに、レーガン、クリントン、オバマとともにノルマンディー海岸を訪れたこともある。ブッシュとは行った記憶がないけれど。どの大統領も、訪れる国はあまり変わらない。

レーガン大統領とのロシア旅行で、はじめてモスクワを訪れた。たしか二〇代前半だった。現地に着くと大使館に入った。地下鉄に乗ったら、自分を異星人のように感じたよ。一九八七年のことで、誰もがわたしがアメリカ人だと気づいていた。ブルージーンズにコンバースのテニスシューズという格好だった。

大統領は、到着すると旅行中に見た異文化の話をした。ロシア人がみな着けているロシア風の帽子のことばかり話していた。記者団にも、帽子を買ったかと尋ねていた。「みんなあれを買うべきだよ」と。

ダニエル　いちばん印象に残っているのはどの大統領との旅ですか？

ダグ　最もよく覚えているのは、九・一一のとき、ジョージ・W・ブッシュ大統領に同行したことだね。あの日のことは決して忘れない。フロリダからルイジアナ州のバークスデール空軍基地へ飛び、攻撃に対する大統領の最初の声明が発せられた。アメリカ全土で、そのときに飛んでいた飛行機はエアフォースワンだけだった。帰路には、エアフォースワンのすぐ後ろにF16戦闘機が付き従い、アンドルーズ空軍基地へ戻った。

アンドルーズ空軍基地に向かうまえに、ネブラスカ州の空軍基地へ飛び、大統領はそこの地下壕に入った。帰る途中で近くを飛んだとき、国防総省《ペンタゴン》本部は燃えていた。あの日のことは忘れられないね。

ダニエル　最近では、大統領とともにどこに行かれましたか？

ダグ　ちょうど先週、トランプ大統領と金正恩の二度目の会談のためベトナムを訪れた。

わたしが同席している場で、大統領は金正恩の隣にすわり、わたしのことを話題にした。「ダグは世界最高のカメラマンのひとりだ」とね。わたしはそこに立って、北朝鮮の首脳の隣にいるこんなときに、なぜそんな話題を出すんだろう、ひとりのアメリカ人について話すことが、文化的な話題なのだろうかと思っていた。

ダニエル　金正恩とトランプ大統領との二度の会談のとき、どんなことを考えましたか？

ダグ　一回目のときは、金が若いことを忘れていた。七〇代の大統領と比べてなんという若さだろう、まだ三〇代なんだ、とそのことが驚きだった。

彼が自国で持っている権力と、その会談がもたらす影響力を感じた――彼はとても大勢の人々を代表している。アメリカ人記者ふたりの質問にも答えていたが、質疑応答があるとはまったく予想外だった。

一回目の会談ではちょっとした騒動があった。記者のひとりがマイケル・コーエン［トランプ大統領の前顧問弁護士で、そのとき刑事捜査の対象になっていた］のことを大声で質問したんだ。大統領はそのような会談には不適切な質問だと気分を害していたようだ。このような事態を避けるためか、事前に、首脳会談ではカメラマンや記者の人数を制限すると聞かされていた。

金正恩が「非核化をする気がないのなら、わたしはここにはいない」と発言したとき、強烈な印象を受けた。これは本気だと誰もが考えた。状況は前進した、と。もうその日のうちに経済制裁解除の署名をするのではと思われたが、そうはいかなかった。記者会見は二時間前倒しになり、予定を切りあげて帰国することになった。

そうしたふたりの人物が同室にいるのを見るというのは、歴史を目撃することだ。わたしはその部屋のアメリカ側カメラマン四人のうちのひとりで、北朝鮮側もやはり四人のカメラマンがいた。そうした場で、歴史を記録するというのは責任のある仕事だ。

会談への同席者は、事前にホワイトハウスから北朝鮮に交渉し、認められた人々だった。アメリカのシークレットサービスと北朝鮮の警察によって身体調査を受け、機材が確認された。歴史を体験するのはとても数少ない人たちなんだよ。

ダニエル　その部屋で北朝鮮のカメラマンに会って、「この人たちは自分とあまり変わらない」と思われたそうですね。それは不思議なことでしたか？　わたしは、彼らもまた善人であり、家族を持ち、普通の生活を送ろうとしていると考えています。

ダグ　そのとおり。二回目の首脳会談のあいだに、われわれと北朝鮮側のカメラマンのグループで、撮影時のカメラマンの位置について協議したことがあった。われわれはできるだけ前方で膝をついて撮影するつもりでいたが、彼らは前に出ることに興味がなさそうだった。

彼らはそういう構図で撮るつもりがなかったんだ。それに気づいたのは、あとになってノートパソコンで画像を一緒に見ていたときだった。われわれは前に出て膝をついていたが、彼らは大きな脚立を持ってきていて、後方で三〇センチほど高いところから撮影していた。写真を見ると、わたしたちの構図は正面からのもので、トランプが金よりもだいぶ背が高いことが強調されていた。脚立の上に立ち、二・五メートルくらいの高さから撮れば、金はそれほど背が低く見えない。

撮影中、北朝鮮側のカメラマンがわたしを押しのけたことがあった。その位置で撮影したかったんだろうね。わたしは、しかたないから別の場所から撮ろうと場所を譲った。かなり興奮しているようだったので、「どうぞ」と言って。彼はとても感謝していた。そのあと脚立を使わせてほしいと言うと、快く貸してくれ、いい写真が撮れた。

二回目の会談で会ったとき、彼はわたしを覚えていた。親しく握手を交わし、抱擁した。通訳がついていたので、少し話もしてね。とても友好的で、前回のことも覚えていた。金正恩のカメラマンのなかでも最も地位が高い人物で、彼と親しく話せたのはすばらしいことだった。エアフォースワンから持ってきたエムアンドエムズのチョコレートをプレゼントしたら、とても喜んでいたよ。

ダニエル　読者のみなさまにお知らせすると、ダグが会話を交わしたカメラマンはリー氏といい、このインタビューの数週間後に撮影の規則に従わなかったという理由で解雇された。公式の撮影で金正恩の前に出て、ほかのカメラマンの邪魔になったためだという。

ダニエル　旅によって人としてどう変わったとお考えですか？

ダグ　外国を訪れることは、いつも何かを教えてくれる。世界に関する知識を増やしてくれる。大統領が他国のリーダーと会談する旅行に数多く同行するけれど、訪問先の国についてインターネットなどで調べ物をして、その国の歴史を理解しようとしている。

ある国に足を踏みいれると、その国について学ばざるをえなくなる。知は力なり、だ。また自分の子供に話し、彼らの世界に対する見かたを変えるためでもある。

外国へ旅し、異なる文化を経験することは、誰にとっても最高の出来事だよ。みな同じ人間だけど、育ちかたはそれぞれ異なっている。

ダニエル　わたしはよく、誰もが世界を旅すれば、この世界はよくなると考えているんです。

ダグ　偏狭な世界観を持った人々にとっては、自国から出て他国の人々を見る以上に価値のあることはないでしょう。視野が広がるから。

ダニエル　これまでに訪れたなかで、最も風変わりな場所について教えてください。

ダグ　ヒラリー・クリントンのアフリカ旅行に同行したことがある。アフリカの宿泊施設に記者として入り、キャプションを書くためにいまどの都市にいるのかを尋ねた。「最果ての地《ティンブクトゥ》だよ」と言われて、思わずもう一度尋ねた。「それで、実際にはどこにいるんだい？」って。「最果ての地《ティンブクトゥ》か」と思って、思わず笑ってしまった。タイプライターに向かって、キャプションにその地名を入力していると、とてもおかしな気持ちになったよ。

わたしたちはその旅のあいだ、重さ二〇キロの衛星送信機を引きずって移動していた。写真は一枚だけ送信することが許されていて、それに二時間かかった。その写真が世界に公開される唯一のものになる。そんな僻地にいると、世界中にインターネットがあることや貧困、そしてただ電話線を挿入するだけでいい自国との環境の違いに気づく。あのとき、なんと遠くに来たことかと感じたことは決して忘れないだろう。

ダニエル　わたしはその写真を実際に見ているので、とても感慨深いです。リアルタイムで写真を見て、あなたの署名がついていたのも覚えています。その画像を送信するとき、静かにすわりながら「これを記録するのは自分だけだ。この写真によって世界は何が起こったのかを知ることになる」と考えましたか？

ダグ　新聞の一面や雑誌などにあの写真が載ると、よくそう思う。多くの人々がこの写真を見ているのは、自分がそこに行ったからだとね。

わたしは選ばれてそこに行った。それは幸運なことだね。できることなら、何が起こったのかをうまく表現できていればいいんだが。

写真を見て感じることは人それぞれだ。トランプ大統領でも、オバマ大統領でも、ブッシュ大統領でも、彼らの写真は見る人によってまるで異なって見える。いい印象を与えることもあれば悪い印象を与えることもある。その政治家が嫌いだとか、写真が気に入らないとか、自分とはちがう考えだとか。あるいは対象を正しく写していないと思われることもあるだろう。トランプ大統領を揶揄した写真を撮れば、半分の人はそれを気に入り、残りの半分は気に入らないだろう。

ダニエル　ジョージ・H・W・ブッシュ大統領と中国を訪問したときのことを教えてください。

ダグ　ブッシュ大統領が当選したばかりのころだった。父親のほうの第四一代大統領。彼は一九七一年に国連大使になり、一九七四年からは米中連絡事務所所長を務めていた。わたしが同行したのは彼が大統領として中国を再訪したときで、とてもすばらしい旅だったね。

彼は北京の街に出て、天安門広場などをまわった。幾人かと握手をし、車のランニングボードの上に立ってそこにいた人々に向かって手を振った。わたしたちは異国に来たと感じていたけれど、彼はかつて大使として過ごした場所で、とても心地よさそうだった。よくわからないことだったが、彼はそこで快適そうで、多くの友人がいるようだった。

ダニエル　そしてその後、長い時間を経て、あなたは北京オリンピックでそこを再訪されましたね。

ダグ　ああ。信じられないひと月だった。オリンピックに合わせて会場の周囲も、観光客が短い時間で文化を堪能できるように整備されていた。でもわたしたちは何度もその外に出て通りに入っていったり、タクシーをつかまえて、本物の料理を食べに行ったりした。

中国は、とりわけ仕事仲間と一緒に旅していると、楽しく食事ができる国だね。同僚のチャン・リーには、食に関して貪欲な、ニューヨークに暮らす韓国人の知りあいがいた。以前も訪れたことのあるレストランに行くと、まだ生きている魚が横たえられて運ばれてきた。その魚を、そのまま食べられるんだ。信じられない経験だったね。それから運よく、氷を食べることもできた。ほかにもたくさんの出来事があった。とにかく、旅はそんなふうに精神に働きかける。しかも、いつも精神を高めてくれる。

ダニエル　大統領たちがはじめての場所を訪問するとき、どんなことを考えているか想像したことはありますか？

ダグ　もちろん。わたしが参加しなかった旅だが、ブッシュ大統領が外へ出るドアを間違えてしまい、苦笑いをしたことがあった。友人のチャーリーがそれを撮った写真はとても有名になった。

そのときは、大統領の頭のなかが推察できたよ。「きみたちと同じようにわたしだってここははじめてで、ホワイトハウスとはちがって、どのドアから出ればいいかわからないんだよ」と考えていたはずだ。外国に行くと、彼らでもそうなる。どの大統領も、わたしたちが外国で空港からホテルへ移動したり、空港から何かの会場へ行くのと同じ行動を取る。彼らは窓の外を覗き、人々や車の列を見ている。どの国へ行っても、その印象は変わらない。

ベトナムであれ中国であれ、見物人がいて、アメリカの車を興味深そうに見ている人々がいる。旅行では、政府は車列のすべての車も移動させる。スタッフは現地のバスに乗ることもあるが、大統領には専用のリムジンがあり、車列やシークレットサービスの護衛がつく。その車両はどの旅でも輸送される。大統領もわたしたちと同じように、外国を訪れれば観光をしたいと思うものだよ。

Ⅳ

予期せぬ出来事

変化の波に乗る

二〇一三年一一月二一日、インド、チェンナイ。

ロンリープラネットの仕事でインドに入り、一週間ほど経ったころだった。わたしは、インド支社長のセッシュとインド国内をまわっていた。チェンナイに入り、セッシュと食事に行くためタクシーに乗っていたとき、電話に通知が来た。

「ユナイテッド航空49便、ニューアーク行きのチェックインを開始しました」。わたしは時差ぼけで疲れきり、腹を空かせていた。しかもインドの路上では絶えず耳をつんざくような警笛が響いている。九メートルの道路を渡る牛の列に遮られて、車は動かない。

わたしは混乱してその出発の知らせを見つめた。帰国便に乗るのは明日のはずだ。なぜ携帯電話に出発の通知が来るのか。電話のカレンダー・アプリとユナイテッド航空のアプリを交互に見比べていて、はっと気がついた。

日付変更線をまたいだため、出発日を勘違いしていたのだ。タクシーの座席で、セッシュと日付を何度も確認した。わたしはエア・インディアでチェンナイからムンバイへ飛び、そこから別のターミナルへ移動してニューアークへの直行便に乗ることになっていた。当時、ムンバイ・ニューアーク便は世界最長の直行便だった。

セッシュはわたしを見て言った。「行きましょう」。タクシーにいま来た道を戻らせるために、彼は自分の財布を出してわたしに五万ルピーを手渡し、ホテルに戻るように運転手に指示した。

運転手は猛スピードでホテルに戻った。わたしは車のドアを開け、長い階段を駆けあがって部屋に戻った。三五分ほどで荷物をまとめてタクシーに戻り、空港へ到着したときは離陸の三〇分前だった。セキュリティチェックを受け、パスポートを見せ、搭乗した。間に合うとはまったく思えなかった。

ホテルに戻ると猛烈な勢いで荷物を詰め、タスマニアデビルのようにちょこまかと室内をまわって忘れ物がないことを確認し、全速力でタクシーに戻った。たぶん運転手はその仕事を楽しんでいたと思う。取り憑かれたように運転し、二五分で空港に着いた。空港に入るとき、彼は「国際線ですか、国内線ですか」と尋ねた。わたしは焦りながら、「国際線」と答えた。

トランクから荷物を取りだし、カウンターへ直行し、搭乗券を見せた。インドではほとんどの空港の入り口に武装した警備員がいる。そしてほかの国とちがい、搭乗券がないと空港のなかにすら入れてもらえない。

警備員はわたしを見て言った。「あなたの目的地はムンバイです。ここは国際線のターミナルです」。顔から血の気が引いた。急ぐあまり、アメリカに帰国するまえにインドの国内線に乗らなくてはならないことを忘れていたのだ。彼はわたしを見て、右のほうを指さした。「国内線のターミナルはこの道を四〇〇メートルほど行ったところです。お急ぎください」

振り向くと、わたしを乗せてきたタクシーが出ていくのが見えた。目に見えるところに車はない。そこでわたしは最後の手段に訴えた。荷物を頭の上に抱えて、全力疾走したのだ――その四〇〇メートルを。わたしを突き動かしていたのは、もしこの便を逃したら家に帰るのが三日遅くなるという思いだった。

　国内線のターミナルに着いたときには、倒れそうなほど疲れきっていた。なかに入り、セキュリティチェックの列に並ぶと、早く通してくれと警備員に頼んだ。

　すると、セキュリティを通らなくてもよかったばかりか、彼は税関カウンターにわたしを連れていってスタンプを押し、裏の通路や従業員専用エリアを通ってゲートに案内してくれた。わたしはドアが閉まる寸前に飛行機に搭乗した。

　すわったのは恐ろしい最後列の真ん中のシートだった。国際的な航空会社とちがって、国内便の航空会社はシートの幅や足の置き場、前列との間隔が狭い。後ろにすわるとヘッドレストが肩のところに来て、膝はまえのシートにつかえた。

　一九五センチの身長があると、コンサートのときやバスケットではいい思いができる。ところが飛行機に乗るときにはひどい目に遭う。

　わたしは四五分間も急ぎ、ずっと走っていたために疲れきっていた。何度もうつらうつらして頭ががくんと後ろに倒れ、そのたびに目が覚めた。それから数時間、このつらく、慣れない旅の苦しみを味わいつづけた。

　ムンバイに着き、ユナイテッド空港の便に乗り換えると、ありがたいことにビジネスクラスの席が取れた。わたしはすぐに意識を失い、それからの一〇時間四五分のフライトのことは何ひとつ覚えていない。

わたしはこの八年間で五〇〇回以上飛行機に乗ったが、乗り遅れたことは一度もない。いちばん危なかったのがこのときだが、できればこんな経験はもうしたくない。

旅の移動はかなり恐ろしいものだ。あまり話題にはならないが、旅には困難がつきまとう。飛行機の予約やタクシーの手配、両替のことは高校のクラスでは教えてもらえない。決意してそうしたことに挑戦し、はじめての外国旅行をするとき、誰でもいちばん起こってほしくないのは手違いだ。飛行機に乗り遅れたり、ひどいホテルに泊まったり、まずい食事を食べたり、スリに遭ったりはしたくない。

旅は怖いものだ。とくに子供のころからしていない人々にとっては。

リンダ・ロイド

リンダ・ロイドはデルタ航空で最も長く客室乗務員を務めた人だ。飛行距離は一億マイルをはるかに超え、乗客が一万二〇〇〇キロ上空の旅をできるだけ安全に、楽しく過ごせるようにと働いてきた。一九七〇年代にエルヴィス・プレスリーがファーストクラスの客室を買い占めたときは、彼にカクテルを提供した。彼女はまもなく五五年間の勤務に別れを告げる。

二〇一八年にロンリープラネットの社長だったころ、わたしはドイツの提携企業を訪れるため、アトランタからシュツットガルトへ飛んだ。
搭乗すると、わたしのシートにメモが置かれていた。

ダニエル・ホートン様　デルタ360プログラムへようこそ
常日頃よりデルタ航空をご利用いただきましてありがとうございます。
個人的なことですが、お父様のダニーはわたしにコロラド州テルライドのスキーリゾートで最高の経験をさせてくださいました。わたしたちは長年一緒に世界中のスキー場をまわりました。お母様のジーンは最高のスキーヤーでした。

ダニエル・ホートン　リンダ、この本であなたにインタビューできるのはとても嬉しいことです。まずは簡単に自己紹介をお願いします。子供時代の話や、なぜ旅行業界での仕事を選ばれたのか、ぜひ伺いたいですね。

リンダ・ロイド　わたしはオハイオ州シンシナティのフィフス・サード銀行に勤めていました。生まれたのもシンシナティよ。銀行の同僚でデルタ航空に転職した人から、面接を受けるべきだと勧められたの。

それで図書館に行って、自分が知っているふたつの航空会社――デルタとイースタン――を調べたら、イースタンのほうがシンシナティからの便が多かった。それでイースタンの面接を受けたわ。家に帰って転職が決まったと父に伝えたら、「客室乗務員になるのは許さない」と言われて。

ところがその翌日、イースタン航空の３０４便がポンチャートレイン湖で墜落して、直後に経営破綻してしまった。それでその六か月後にデルタに入ったの。幸運でした。

ダニエル　子供のころ、旅行はしていましたか？　なぜ航空会社で働こうと思ったんですか？

リンダ　旅はあまりしたことがなくて、夢だったわ。わたしは中学から高校にかけてずっとチアリーダーをしていたの。そのときのコーチはアメリカン航空の客室乗務員だった。それに義兄弟が父親に会いによくデトロイトへ行っていたから、空港まで同行していたわ。わたしは「一度でも飛行機に乗れたらなんて幸せだろう」と言っていた。ところが結局、デルタに乗って世界中飛びまわる仕事に就くことになったの。

ダニエル　すばらしいですね。最初に飛行機に乗ったのは、何歳だったか覚えていますか？

リンダ　ええ、デルタでの最初のフライトは、アトランタ発デトロイト行きのレシプロ双発旅客機コンベア４４０でした。わたしは自分がデトロイトに行くとは思ってもいなかった。到着すると、ほかのクルーがドアを何度も叩いて食事に行こうと誘ってきたけど、「何も食べたくないんです。眠たくて」と言って断ったわ。怖かったの。クルー同士のつきあいがあるなんて知らなくて。それが始まりでした。

ダニエル　キャリアの前半の様子について少し伺いたいと思います。でもそのまえに、何十年ものキャリアがあるので、あなたがこの仕事を何年されているのか、デルタ航空での肩書き、どれくらいの距離を旅したかなどを教えていただけますか。

リンダ　四月二七日でデルタ航空に勤めて五五年になります。アトランタで、とても評判のいい美しい会場で盛大なお祝いをしてもらうことになっているの。広くて日当たりのいい場所よ。ちょっとしたランチに行くようなお店。上司など三〇人が来てくれるわ。

ダニエル　これまでに何カ国に行かれましたか？　何か記録はつけているんですか？

リンダ　ええ、書斎に地図があって、新しい国に行くたびに夫と一緒にチェックしています。いま七七カ国よ。

ダニエル　すごい。

リンダ　ただ、南極だけは行っていないの。このあいだそれに気づいて、夫が行きたがっているわ。わたしは客室乗務員仲間に聞いた、サン・セバスチャンという小さな街のほうに興味をそそられています。バスク地方にあるの。仲間によると、本当にすばらしいそうよ。昨日はリック・スティーヴス［旅番組のホストでガイドブックの著者］がそこで過ごしているのを見たわ。たしかラックかレックという名前のレストランにいました。ともかく、サン・セバスチャンから一時間ほどで、絶対に行くべきお店よ。

今年はイングランドとスコットランドを訪れるつもり。夫はどちらも未経験なので、行かせてあげたいの。それからその翌月には退職します。夫はドイツのライン地方出身だから、ミュンヘンやシュツットガルト、ライン地方、デュッセルドルフをまわって、ドイツ中の友人や家族にお別れ旅行をすることになっているわ。それが六月。九月にはアイスランド、一〇月にはサン・セバスチャンに向かい、最後の旅行は一〇月終わりに四日間シュツットガルトに滞在します。退職は一一月一日で、もう準備は万端よ。

ダニエル　五五年前に入社してから、仕事がどのように変化したかを教えてください。長年のあいだに、客室乗務員の役割はどのように進化してきたんでしょうか？

リンダ　変わりつづけているわ。わたしは四〇年責任者として関わってきました。ときには二番手を意味するBのポジションで。ときにはAのポジションで。いまではパーサーのことをA、サービス責任者のことをBと呼んでいるわ。

ダニエル　まったく知らない人にとってはどの客室乗務員も同じように見えるでしょうから、

客室乗務員のなかでどのように責任分担されているか簡単に教えてください。たとえば国際線では八人から九人の客室乗務員がいますよね。

リンダ　今月のシュッツットガルト行きの便で、わたしは八回連続で日曜に勤務することになるわ。わたしは七五歳だから、毎週日曜日に勤務すると疲れてしまう。でもありがたいことに勤続五五年のお祝いのまえに休みがとれるわ。その二日後にロンドンに向けて出発しなければならないから。

そういうことがあるので、客室乗務員の役割分担は誰が出勤しているかによって変わります。もちろん非常用装備に不備がないかどうかの点検は全員で行います。このまえの旅行のときは勤務しながら移動したわ。休暇の申請がうまくいかなくて仕事をすることになってしまって。長い旅だった。

そのとき、糖尿病なのに飲みすぎてしまった乗客がいて、応急処置をすることになりました。その人は機内で気絶してしまったんだけど、運よく四人の連邦航空保安官が乗っていたの。そのひとりは医師で、もうひとり機内にいた看護師とともに診ていただきました。その方々がいてくれて本当によかった。患者の状態は深刻だったから。目を見ると、いまにも気を失いそうだった。そしてやっぱり意識を失って倒れて、機内後部の乗降用ドアの脇にあった緊急脱出スライドにぶつかった。脚を支えて、助けを呼ぶことになりました。運よく、その連邦航空保安官の医師と同乗していた看護師が助けてくれたわ。

パーサーとして搭乗するときは、すべての乗客にウェルカムカードをお配りします。たしかあなたには個人的な手紙を差しあげたわね。ビジネスクラスの最前列の乗客には個人的な手紙をお渡しししているの。

地上での仕事は、場所によって変わります。機内では、二チームに分かれていて、いつも一緒に行動することで、座席の通路をまわるとき、各列でずれが生じないようにしているわ。厨房ではドリンクやサラダ、前菜、主菜、デザートの準備をする。それから客室乗務員が休憩するためのベッドシーツを準備する。パイロットが落ち着けるように気を配ることも仕事のひとつよ。パイロットが休憩を取るときは異常がないかどうか、キャビンを歩いている人がいないか、とくにドアに近い前列の席には注意をしているわ。

現在では連邦航空保安官の配置が変わった。以前は前部にふたり、後部にふたりだったのに、いまでは前部にひとりになってしまったけれど、それはおかしなことよ。彼らは眠ることもできない。以前は交代で寝ていたのに。ふたり分の席を取るのは惜しいという営業的な判断なのかどうかは知らないけど、ともかくいまはそうなっている。

ダニエル　搭乗中に経験した、興味深くて普通でない出来事を教えてください。

リンダ　長年ラスヴェガスへの便に搭乗してきたんだけど、エルヴィス・プレスリーが毎晩ショーをしていて、わたしたちにそのチケットを置いていってくれていたの。

ダニエル　それはすごいですね。エルヴィスが乗ったこともあるんですか？

リンダ　ええ。彼はファーストクラスを買い占めたのよ。彼が搭乗して、離陸したら、彼の友人がわたしのところに来て、エルヴィスがフロントラウンジでわたしと話をしたがっているって言うの。それで彼の向かいにすわったら、最初の奥さんになる、プリシラという女性の話を始めたわ。プロポーズをしようと思っているって。

ダニエル　彼はよい乗客でしたか？

リンダ　ええ、とても優しい人だった。「あなたはその制服が好きではないでしょう？」って聞かれたの。「もちろん好きじゃありません」て答えたわ。それは茶色いスカートの地味な制服だった。信じられないほど格好悪かったわ。

ダニエル　長年のあいだには面白い制服がありましたよね。すばらしいものもありました。不思議なものです。数年ごとに制服が変わるたびに、母は喜んだり文句を言ったりしていました。

リンダ　そうね。わたしは紫があまり好きじゃないの。でももっと我慢できないものもあったわ。看守みたいだと言われたものもあって、それはほんとにひどかった。ともかく、エルヴィスが乗ったとき――それがいちばんいい思い出ね。彼はついにデルタのコンベア880を買い取って、機体を黒く塗ってしまった。美しい人だった。あの瞳と微笑み、ちょっと気取った笑いかた。最高だった。ふふふ。

ダニエル　魅力的な人だったようですね。

リンダ　彼はとても地に足の着いた人でした。メンフィスで働いていた客室乗務員はみな気前のいい人だと言っていたわ。ある男性のところへ行って、その人にピンク色のキャデラックを買ってあげたことがある。彼はそんな人なの。誰にでもなんでもしてあげるような。そして実際にそうしていた。彼はたくさん稼いで、たくさん消費していた。でも薬物中毒になり、それが身を滅ぼした。

ダニエル　不幸なことでした。すごい人生を生きた人であることは間違いありませんね。

リンダ　そう、本当にそうよ。みんな彼のことが大好きだった。

ダニエル　旅は怖いと思っている人が大勢います。そこで、旅の恐ろしい話や出来事を読者と共有したいんです。悪い出来事というのは、実はそれほど悪いことではないとわたしは思っているんです。フライト中でもほかの状況でも、恐怖を感じた出来事を教えてください。長い年月のあいだに、こんな仕事はしていられないと思うようなことはありましたか？

リンダ　ありがたいことに、何もないの。ちょっとした乱気流ならいつも起こっているけれど。嵐でも運航すれば搭乗しなくてはならないし、乱気流があっても、わたしたちにはやるべき仕事がある。そのときどきで動けるかどうかの判断を迫られる。その判断は難しいわ。大丈夫だと思って補助椅子を立って動きはじめても、状況が悪化することもあるし。

ダニエル　食べ物やドリンクが客室で飛び散ってしまうこともありますね。

リンダ　それにカートも。重いカートが手から離れて、乗客に当たってしまうこともあるわ。退職したらもうそれがなくなるのはありがたいことね。庭で時間を過ごしたり、自分の楽しみのために旅をするのが待ち遠しいわ。

ダニエル　飛行機に乗るのが怖いという人に、どんな言葉をかけますか？　わたしはよく、飛行機の翼は上下に一〇メートル以上撓《たわ》んでも折れないんだよと人に言っています。人が考えるよりずっと飛行機は柔軟で耐久性があるんだと。あなたならどうしますか？　人の気持ちを落ち着けたことも、おそらくたくさんあるでしょうね。

リンダ　シートベルトは本当によく確認しないといけないわ。どんな旅人でもうっかりすることがあるの。わたしは見てまわって、全員がシートベルトを締めていることを確認するわ。乗客には、エアバッグはシートベルトのなかに入っているので、しっかりと締めてくださいと伝えます。緩んでいるとエアバッグが守ってくれないの。飛行中にシートベルトを締めることに無頓着な人はたくさんいます。それに、シートベルトが座席の下に入ってしまって、着陸のときに見つからない人も。そんなときは座席を立ってもらって、シートを動かしてシートベルトを出さなくてはならない。ふつうの旅行者は、飛行機のことをそんなに心配する必要はないわ。世界で最も安全な移動手段だから。テレビでは車の事故のニュースが数多く流れていきます。昨日も見たわ。スクールバスに大型トラックが突っこんで、しかもあいだに乗用車が挟まっていた。乗っていた人は亡くなったそうよ。幸運なことに、スクールバスに乗っていた人は誰も怪我をしなかった。ともかく、空の旅は何よりも、そして車よりずっと安全なんです。

ダニエル　シートベルトに関しては多くの人が、もし飛行機事故が起こったら締めればいいと考えていますよね。でも実際には、そんなことはほとんど関係がない。シートベルトは自分が客室で飛ばされないように、きちんと座席にすわっていられるために必要なんです。グラスが飛んできたら、頭に当たることもありますから。

リンダ　わたしはこれまで幸運だったわ。最近、雷が直撃して不時着した飛行機の話を聞いたの。それに、客室乗務員も含めて、何人かが病院に運ばれたこともあった。たとえばシートベルトのことにあまりに無頓着だと、天井に叩きつけられて重傷を負うこともありうるのよね。

ダニエル　そのとおりですね。そしてそれから数時間、病院に運びこまれるまでずっと、母の言葉なんですが、〝コーラの缶〟のなかに閉じこめられることになります。

飛行機に乗る人にアドバイスをいただけますか？　あなたは毎週数千人も、重い荷物を持って飛行機に乗る人を見てきました。面白いことは何かありましたか？　母は七〇年代にカリブ海に行ったとき、生きた鳥を頭上の荷物入れに入れた人がいたという話をしていました。

リンダ　サン・サルバドルに行ったとき、電子レンジを持ちこんだ人がいたわ。

ダニエル　本当ですか？　それでそれを頭上の荷物入れに入れたんですか？

リンダ　信じられないけど。そうよ。

ダニエル　航空業界はどう変わってきましたか？　たくさんのCEOやリーダーのもとで働かれたと思います。いいときも悪いときもあったでしょう。

リンダ　CEOでいちばんだったのはリチャード・アンダーソン〔二〇〇七年から二〇一六年までデルタ航空CEO〕ね。彼はすばらしかった。わたしに勤続四五年のブローチをくれたの。わたしは彼に手紙で、五五年前に訓練所を卒業したとき、C・E・ウールマンから蘭の花をもらったと伝えたわ。C・E・ウールマンの机を使っているのなら、その机が見たいと書いたら、オフィスに招待してくれたの。彼はそこにあったウールマンの著書『Rules of the Road／道の規則』を見つけたそうよ。

ダニエル　読者にお伝えすると、C・E・ウールマンはデルタ航空の創業者のひとりです。彼がまだ新人クルーに蘭の花を贈っていた時代から働いていたとはすごいことですね。

リンダ　リチャードはいつも、従業員の立場に立って航空会社の経営をしていました。本当に、自分がしてほしいと思うように人に接していたわ。わたしは選ばれて、デルタ航空がアトランタに移転して七〇周年の式典に出席したことがあるの。リチャード・アンダーソンとコカ・コーラの社長、ジョージア州知事と一緒にステージに上がった。わたしの隣にはハビタット・フォー・ヒューマニティというNGOの女性がすわっていました。そしてその隣の男性は、デルタの顧客で、これまでに七〇〇万マイル飛んでいる人だった。彼はデルタの客室乗務員だった奥さんとノックスヴィルからアトランタへの一五分のフライトのあいだに知りあったそうよ。奥さんはすばやくその方の心をつかんだのね。

ダニエル　その男性の判断も正しかったわけですね。

リンダ　リチャードはわたしのビデオを制作して、ステージで上映したわ。会場には二〇〇〇人の人々がいた。わたしは自分のキャリアを簡単に話しました。するとリチャードが「リンダのために特別なことを計画しているんだ」と言ったの。彼はステージ裏に行って、大きな蘭のコサージュを持って戻ってきた。そして「あなたのこれまでの貢献へのお返しです」と言った。

ダニエル　へえ。それはすてきなことですね。

リンダ　ええ。彼はそんな人なの。わたしはその日、ウォール・ストリート・ジャーナルの記者に取材されたわ。記者の人が「リチャードは（CEOとして）当然のことをしましたね」と言ったから、わたしはこう言ったの。「CEOとしてだからじゃない。いつわたしのところに来ても同じことを言ってあげる。彼は本物よ。彼には気づかいがある。この会社を立て直そうとしている」。そうしたら、この記者はまた連絡をしてきた。わたしはまた同じことを言ったわ。すると彼は、「あなたの言葉どおりでしたね」って。

ダニエル　それはすばらしいことです。旅行業界にかぎらず、とくに今日では、生涯ずっと同じ会社で働くということはなかなかないことです。これからもそんなにあることではないでしょう。そして、残念ながら、それは会社が従業員にかつてのような待遇を許さないからですね。それでも資本主義はうまくいっていて、転職が一般的になっています。それに文句を言うことはできません。同じ会社で勤務してきた五五年を振りかえって、そのことについてどう思われますか？　本当にすごいことですよね。

リンダ　好きなことができてとても恵まれていたわ。乗務員として、それに旅行者として、いろいろなところへ行けたことが……それもすべてデルタのおかげね。人生のあのときこの会社を選ばなかったら、こうなってはいないでしょう。これからもずっと感謝しつづけるわ。すばらしい人々ばかりだった。客室乗務員の統括者から、わたしが退職したらランチに行きたいと手紙をもらったわ。わたしは従業員番号を伝えて、スケジュールを確認して八月に予定を組みましょうと返事をした。わたしは彼女が入社したときから知っているの。そのころはオフィスで勤務する事務職だった。彼女が客室乗務員をしていたことは知らなくて、期間はわずかだと思うけど、なんとトップに上りつめた人ね。すばらしい人よ。本物の人物。デルタには本物の人たちがいるの。それは覚えておくべきことね。エド・バスティアン［デルタの現CEO］はリチャードのもとで訓練を受けて、リチャードのあとでCEOになったの。

面白い話があるわ。去年退職したばかりのわたしの友達のひとりは（地位が）トップだったの。彼女が勤務する便にエド・バスティアンが乗ったことがあった。たしかヴェネツィアからの帰国便だった。エドは通路側に、彼女は窓際にいた。彼は仕事をしながら、床に書類を散らかしていた。彼女はついに我慢できなくなって、「きれいな通路は幸せな通路」って言ったの。

ダニエル　面白い。

リンダ　そうしたら彼は、「ああ、申し訳ない。自分で掃除するよ」って。それから、ひとりの客室乗務員が通りかかって彼にこう言ったの。「エド。こんにちは」。すると彼は、「きみはデルタの社員だよね？」。客室乗務員は答えたわ。「何を根拠にそう判断なさるんですか？」

ダニエル　面白い。

リンダ　すると彼は言ったわ。「わたしはCFOだからね」。すると彼女は、「いいえ、ちがいます。CFOは実際に利益をもたらしている従業員たちです。あなたは浪費するだけです」

ダニエル　外国で時間を過ごすことで、自分自身について気づいたことはありますか？　旅をしたことがない人や初心者に伝えたいことはありますか？　振りかえって、自分にいちばん影響を与えたものはなんでしたか？

リンダ　話をしていてびっくりするのは、仕事以外で旅をしたことがない客室乗務員が多いことね。いつも驚いてしまう。どこへ行ったらいいかと聞かれたら、ケアンズと答えるわ。最高の場所よ。シドニーもすごくいいけれど、ケアンズは、ちゃんと身をもって経験すれば、目を見張るような経験ができる。研修旅行をしたことがあったわ。会社が宿泊施設を予約してくれていて、はじめにシドニーからグレートバリア・リーフへ行った。それからポートダグラスへ行こうとしたんだけど、手配してもらった運転手が運転する車で駐車場から出発したら道に迷って、しばらくしたらまた元の駐車場へ戻ってきてしまったの。それを見ていた地元のタクシー運転手たちは笑っていたわ。

ダニエル　面白い出来事ですね。迷子が旅のいちばんの思い出になることもありますよね。

リンダ　予定では海岸沿いの美しい道を通って、昼間に移動するはずだったんだけど、そうはいかない状況になってしまって。わたしたちが出発するちょうどその日に、六〇年に一度の砂嵐に襲われたの。それでも、カンタス航空の対応はすばらしかった。従業員が空港のなかをまわって、すべての人にペットボトルの水を渡してくれたわ。八時間、そこにすわって待ち、ようやく飛行機が飛んだ。それで昼間の予定が夜になり、暗いなか車で二時間くらいかかるホテルに戻ることになった。道に迷うのも、しかたない状況よね。だからわたしは、笑っていたタクシー運転手たちのところへ行って、ポートダグラスへはどう行くのかを聞いたの。そうしたら、「大丈夫。右に曲がって信号を九つ越える。道に沿っていけば着けるよ」って。わたしは「ありがとう」って答えて、わたしたちの運転手にそれを教えてあげた。

ダニエル　なるほど。あなたをそこへ連れていくはずの人にあなたが道案内をしたんですね。

リンダ　ともかく、そこがわたしの好きな場所なの。好きだから、また行く予定を立てているわ。ほかでは味わえないものがある。実際にそこへ行って、車を運転しないと。それに田舎を見ないと駄目ね。飛行機で目的地を往復しているだけではいけない。現地を見ないといけないの。

ダニエル　地図に色を塗った七七カ国のなかで、実際に行ってみたら想像とちがったのはどこでしたか？

リンダ　どこに行っても想像とちがうわ。訪れた場所はどこも素敵だった。どれも捨てがたいわ。アドリア海もよかった。スカンディナビア半島もすばらしかった。サンクトペテルブルクは北のヴェネツィアね。自分がロシアに行くなんて思ってもみなかった。何から何まですばらしいわ。ドゥブロヴニクも最高。

ダニエル　わたしは行ったことがないんですが、ぜひ行ってみたいです。

リンダ　なんてこと。本当にクロアチアは、人が親切で美しい場所よ。食べ物もおいしいし。これまでに訪れた都市は甲乙つけがたいわ。どこも魅力的なの。例外は南米の数か所ね。ブエノスアイレスには客室乗務員として行ったけれど、もう行かないでしょう。リマにも仕事で行ったけれど、もう行かないでしょう。先月、うちの会社の社員が二度襲撃されたの。そのうち一度は警備員が撃たれたわ。それで社員は別のホテルへ移ることになった。

ダニエル　わたしはペルーではよいことも悪いこともありました。たいていはよい場所なんですが、何度か食あたりを起こしましたね。

リンダ　最後にブエノスアイレスに行ったとき、午前一一時に、パジャマの上にホテルのローブを着て、靴下をはいていたの。そのとき部屋のすぐ外でボイラーが爆発したのよ。バーンって。すぐにホテルから退避することになったわ。それでホテルを出て、あちこちを転々として、八時間待つことになった。そのあいだずっとパジャマとローブと靴下だけ。恐ろしかったわ。ガス漏れしていたので、荷物を取りに戻ることすらできなかった。それが最後だった。

ダニエル　わたしが唯一ホテルを追いだされたのは、二〇一二年にロンドンにいたときでした。真夜中に火災報知器が鳴ったんです。かつての旧市庁舎、ロンドン・アイの隣のマリオットホテルです。建物には三つしか出入り口がなかったので、本当に火災が起きていたら大変なことでしたよ。

忘れもしません。スーパーボウルの晩で、季節柄凍えるような寒さでした。午前三時に退避しました。本物の火事だと思いましたね。そんなこともありうると思って、いつもベッド脇にバッグとパスポート、携帯電話くらいは置いているんです。たしか三、四時間外にいたと思います。ロンドンの真夜中で、ほかに行く場所はありませんでした。店はどこも開いていなくて。

リンダ　避難用に身分証明書とパスポート、携帯電話など、重要なものを揃えておくのはいいアイデアね。

ダニエル　ナイトスタンドの脇に小さなバッグを置いているんです。小さな折りたたみのバッグで、キャリーオンバッグのなかにいつも入れています。そして、毎晩眠るまえに中身を確認しています。いつなんどき、どんな理由でそれをつかんで外へ出なければならなくなるかわかりませんからね。

リンダ　本当に。経験したからよくわかるわ。

フレッド・ディクソン

フレッド・ディクソンは旅行業界で育った。子供のころ、家族が経営するテネシー州のホテルで働きはじめ、その後ニューヨーク市観光局のCEOになった。ここでは、ニューヨーク観光局が世界の観光局のお手本と呼ばれるまでの過程での困難と成功について話を聞いた。彼は自分自身が地球上で最も有名な観光地のひとつへ旅をした経験をどのように生かしたかを語ってくれた。

ダニエル・ホートン　ニューヨークは多くの人にとって世界最大の都市です。どんな経緯でニューヨーク市観光局に関わるようになったんですか？

フレッド・ディクソン　ちょっと面白い話ですよ。わたしの家族はテネシー州のガトリンバーグで小さなホテルを経営していました。いまも母がそのホテルをやっています。子供のころは、そこが世界の中心でした。遠く離れたヴァージニア州の親戚も集まっていました。叔父はナッシュヴィルから、そのほかにもさまざまな親戚がガトリンバーグに来て、ホテルにみんなで集まって過ごしていました。だからその場所はいろいろな意味でわたしたち家族にとって〝爆心地《グラウンド・ゼロ》〟みたいなものだったんです。

幼いころはホテルで暮らしていました。ホテルの裏手にある居住スペースで夕食をして、そのあいだにブザーが鳴れば、誰かが出ていってチェックインや部屋の案内やタオルの貸し出しといった対応をしました。つまり、もてなしや観光に対する心構えは子供のころから染みついているんです。わたしはそういう世界で育ちました。そしていまも、それがわたしの家族の収入源になっています。だから考えてみると、ニューヨークにたどり着いたことにちょっと興奮しますね。とても誇らしく思います。ニューヨークに来たのは二〇〇二年、光栄にもブッチ・スピリドン［ナッシュヴィル・コンヴェンション・アンド・ビジターズ・コーポレーションの社長兼CEO］のもとで働きはじめたときです――彼からはとても多くのことを学びました。

ニューヨークに来て三年後に、ニューヨーク市観光局に入局しました。それがわたしの目標でした。気がつくと目標を達成してしまっていて、どうすればいいのかわからない状態になりました。ニューヨークに暮らすことができたのも、ずっと働きたいと思っていた組織での仕事を得られたことも幸運でした。二〇一四年にCEOに指名され、いまは六年目です。

この役職を務めてきたことは、すばらしい旅のような経験でした。しかもその旅では、目指すべき場所が大きくなりつづけるのです。わたしたちは新しい物語を取りいれてきました。多くの場合は、旅行や観光がもたらすよい効果を生かすようにして。ニューヨークのような都市で大切なのは不平等とさまざまな方法で闘うことであり、それが国境や収入、ライフスタイルの違いといった壁を超えて人々をつなげ、関係を築かせてくれます。ニューヨークはさまざまなものが交わる、ほかに類のない場所です。その意味で、人々の目に映るさまざまなアイデアが生みだす小宇宙のようなものです。

ダニエル　あなたが暮らしはじめた二〇〇二年からのニューヨークの変化について教えてください。九・一一のあとの、かなり重要な時期ですね。都市が大きく変容するのをご覧になっているのではないかと思います。その様子をお聞かせください。組織のCEOとしてだけでなく、ひとりの住人としてどう見ていますか?

フレッド　九・一一のあと、ニューヨークは多くの面で劇的に変化しました。そこで起こったことはさまざまな意味で言葉にできません。けれども人々がたがいを人間としてどう見るかという点でたしかに変化があったと思います。ニューヨークは、間違いなく速いスピードで動いていいます。普通のニューヨーカーの生活のペースは速く、そもそもそこで暮らすには、タイプAと呼ばれる、競争的でせっかちな性格である必要がありました。九・一一が教えてくれたのは、もっとペースを落とし、もう少しおたがいを認めあうことでした。その結果、ニューヨークはかつてないほど人に優しい場所になったと思います。ニューヨーカーは立ちどまり、旅行者を助けてくれます。尋ねれば、答えを教えてくれるでしょう。精神的な面でも人道的な面でも、ニューヨークは改善されたと思います。

また世界的な視点から見ても、ニューヨークは復活し、以前よりもさらに強くなったと思います。この街は多くの点で世界の目標となってきました。これまでにどれほど多くの地域から、会議の招待を受け、ニューヨークの復活やその意味について話をしてほしいという依頼を受けたかわからないほどです。多くの人にとって立ち直りのシンボルであり、その物語は、これからも展開しつづけるでしょう。新ワールド・トレードセンターの最後の一画にはまもなく、ペレルマン・パフォーミングアーツ・センターも完成します。

理事長として寄付を募ったのは、バーブラ・ストライサンドでした。すばらしい施設ができるでしょう。ロウアー・マンハッタンの再活性化は、それ自体がとてつもない物語です。ニューヨークは復活し、強化され、改善されました。精神的にだけでなく、物質的にも、財政的にも。観光の力ということで言うと、少なくともアメリカでは九・一一を境に愛国的な観光という発想が再生しました。大統領や市長らが、ニューヨークをサポートするには、そこへ行き、共同体を支えるべきだと声をあげました。また、自然災害やテロ攻撃など、さまざまな悲劇のさいにもそうした考えが見られました。

それ以来、観光は共同体への支えや経済的刺激策になりうるという発想が浸透し、さらに世界中に反響を呼び、さまざまな都市で見られるようになっています。ニューヨークがその実例です。とくにヨーロッパのように、ひどいテロが起こったあと、そこから回復する時間はかなり短くなってきています。

人々は立ち直る力を身につけてきているように思います。そして、その場所へ行くことで共同体をサポートすることや、悪に勝利を与えないことの大切さに気づきはじめています。都市の立ち直りは驚異的な物語です。二〇年前よりも、いまではその力はさらに強くなっていると思います。

ダニエル　はじめてニューヨークを訪れた人にどんなことを知ってほしいですか？　ニューヨークをたくさんの人が訪れますが、彼らは子供のころから自分の国でニューヨークが舞台になったテレビ番組を観ているので、ある程度はそこのことを知っています。

フレッド　おっしゃるとおりです。小さな町から来たわたしは、はじめてのニューヨークで、電球のソケットに嵌《は》めこまれたように感じました。人はそこで、さまざまな点で、はじめて生を実感するのです。そして興味深いことに、ニューヨークへ行くことはある種の通過儀礼だという考えは多くの人に共有されています。そうした影響を与えつづけている都市は世界でも稀ですが、ニューヨークは間違いなくそのひとつです。世界中の子供が成長の過程で、ニューヨークのことを歌で聴き、本で読みます。誰もがニューヨークについて、自分なりのイメージを持っています。

ニューヨーク市民でも、この街が世界で果たしている役割を忘れているようです。わたしたちニューヨーク市観光局はその点を重視し、この街のブランドを大切に磨きあげています。大切なのはリーダーシップという側面で、ニューヨークがよい面で目立っていなければなりません。旅をすると会議で講演することが多いのですが、そのときは観光の力と、その重要さの理由を語っています。

なんでもできる、誰にでもチャンスがある場所としてニューヨーク以上の例はないでしょう。この街では、誰もが平等です。億万長者でも清掃作業員でも、同じように地下鉄の列に並びます。ここは、人間性の最もすばらしい部分があらゆる方法で溶けあっている都市なのです。近年は計画を立てずに旅行をする人々が増え、さらにさまざまな文化を含んだものになっています。

ダニエル　そのとおりですね。

フレッド　人々は住宅地も訪れるようになっています。ニューヨークはとても多文化で、拡大を続けています。フラッシング・メドウズのアジア系コミュニティやジャクソン・ハイツのインド系コミュニティ、あるいはカリブ海系住民の多いフラットブッシュなどへ、人々は訪れ、さまざまな文化や食べ物を求めます。フードツーリズムの力ですね。

わたしの母には、オハイオ州で教師をしている従姉妹がいます。ずっとオハイオ州に住んでいるので、わたしはあまり会ったことのない人です。親戚の集まりで再会したときにはじめて知ったんですが、ニューヨークが大好きなんだそうです。夏の休暇には、友達と長年ニューヨークに遊びに来ていました。昨年会ったときに、「今年はどんな計画ですか？」と尋ねました。すると、「はじめての場所二か所へ行って、二種類の料理を食べる予定よ」と答えました。彼女はもう三〇年も、旅するたびにニューヨークのいろいろな場所へ行っているそうです。

ダニエル　すごいですね。それに、同じものにはもう二度と出合えないでしょうね。

フレッド　ええ、同じものにはもう二度と出合えないでしょう。まったく異なった場所から来たたくさんの人々がニューヨークで豊かな経験を〝得て〟いるのは驚くべきことです。わたしにとっては、そうしたことも強力な物語のひとつなんです。彼女のような人が、気づかないうちに数多く訪れているのだと考えなくてはなりません。

ダニエル　きっとそうでしょう。今度はあなたの旅行について少し話しましょう。これまでに訪れた場所について簡単に聞かせてください。何か際立った出来事はありましたか？　それから、旅人としてのあなたについて教えていただけますか？

フレッド　ええ。先週旅行から帰ってきたばかりなんです。パリとハンブルクに立ち寄り、ニューヨークの今年のイベントや新規の開発について話をしました。ニューヨーク近代美術館の拡張や、サウスストリート・シーポート地区、自由の女神博物館など目白押しです。大イベントも多く、性的少数者が行進するワールド・プライドは今年［二〇一九年］ニューヨークで開催されます。それはとても重要な出来事です。

ワールド・プライドはニューヨークが発祥の地です。第一回目の行進が行われたのは、ストーンウォールの反乱［一九六九年に性的少数者が警察に立ち向かい、彼らの権利獲得運動の転換点となった抵抗運動］の一周年のことでした。それが世界に広まり、今年はニューヨークに帰ってくるのです。だから市全体としてもこの物語を大切にしています。

二週間前、わたしはインドにいて、そこであるミッションに携わっていました。ほぼ毎年インドへ行っています。インドは毎年一〇万人の旅行者が訪れる巨大なマーケットです。またわたし個人にとっては、この地球上でいちばん好きな場所のひとつでもあります。説明できませんが……幼いころ、わたしはインドに夢中だったんです。その気持ちはいまも持ちつづけています。

ダニエル　わたしもです。

フレッド　何もかもがすばらしいですね。わたしは幸い、南極以外のすべての大陸を訪れたことがあります。そして、南極にもいつか訪れてみたいと思っています。世界にはまだ自分が行ってみたい場所がたくさんあります。とくに南米とアフリカですね。旅行は仕事のためでもありますが、個人的にも、ほかの何にも負けないほど楽しいですね。旅からとても大きな影響を受けています。世界について知りたいという飽くなき好奇心がなかったら、わたしはいまの仕事をしていないでしょう。テネシーで育つと――きっとあなたも同じ経験をされているでしょうが――「ニューヨークなんて必要ないね。行きたいと思ったこともない」という人々に会うことがあります。わたしはそうした人々とはまるでちがっていました。

ある意味で、彼らは幸せな人々だと思います。でもわたしは子供のころから転がる石のようにあちこちを移動してきました。このような、いつまでも終わることなく学び、発見し、新しい人と出会い、新しいものを見たいという願いは、決して衰えることはありません。

ダニエル　自分がどうしても行きたい場所のことを考えるとき、最もわくわくするものはなんですか？　たとえばわたしは写真を学んでいたので、いつも「この場所に行きたい。その場所を見て、人を探して歩きまわりたい」と思うんです。人によっては食べ物や、あるいは夜遊びかもしれません。旅をするときに最もわくわくするのはどんな面ですか？

フレッド　ああ、それは重要な問いです。わたしにとっては文化ですね。異国の人々の生活にとても関心があるんです。わたしの仕事のなかで最大の出来事は、二〇〇六年にブルームバーグ市長が業務を拡張したことでした。彼は予算を増やし、こう言ったんです。「海外へ出て、国際的なマーケットを開発してほしい。それがニューヨークに大きな経済的影響をもたらすからだ」と。わたしたちは海外へ出て、二年間のうちに海外支局を一六か所開きました。そして現地の代理店や報道機関と関係を築き、人々の関心を集めようとしました。

人々の暮らしや直面している問題をよく観察し、正しく理解すれば、世界中の人々と友人になれます。モスクワにはじめて支局を開いたときのことは忘れられません。それから何年も、アメリカの観光地でモスクワに支局を常設しているのはわたしたちだけでした。

ダニエル　そうなんですか。

フレッド　数年前に、モスクワの治安が悪くなり、閉鎖することになりました。それでも、ロシアの人々と知りあい、彼らの物語を知ったことは忘れられません。彼らは人間として、わたしたちとなんら変わりありません。冷戦時代の話は、さんざん聞かされてきました。でも実際に会って生活を目にし、家を訪れ、彼らの友人たちと接すれば、同じ人間なんだとわかります。

ダニエル　そのとおりですね。それこそわたしがこの本を書いている理由なんです。わたしはすべての人がそうした機会を持てるようになってほしいんです。あなたやわたしはとても幸運な人生を送っていて、そうした機会に恵まれています。ところが、とくにテネシー州に住んでいると、飛行機に乗ったことすらない、州外や国外へ出たことがないという人に頻繁に出会います。たとえば高校の最高学年の生徒で、希望はなく、好奇心もなく、なぜ旅をするのかまるでわからない、というような人にどんなことを伝えたいですか？　どうやってそうした人の心を揺さぶりますか？

フレッド　コンフォート・ゾーンの外側へ出るように勧めます。大切なのはそのことです。わたしは運よく、子供のころマーチング・バンドに所属していて、演奏や大会でたくさん旅をしていました。そのため、家族の多くは旅をしなかったのに、バスに乗ってどこかへ向かうというのは、わたしにとって自然なことになっていました。実際にどこか遠くへ行ったわけではなくても、行きたいという願望が芽生えてきたんです。でも多くの若者は、好奇心が足りないように思います。

ダニエル　インターネットを使えば、自分はどこへでも、好きな深さまで入りこめると感じている若者がいるようです。きっとわたしたちにはわからない方法で。もちろん、わたしたちの子供時代にはなかったものです。そのため彼らは、その場所に何があるのか、自分はもう知っているという誤った感覚を持っているように思います。

フレッド　まさにそうですね。そしてインターネットは、ある意味で人々の世界観にますます大きな影響を与えていると思います。しかし、人同士の交流の代わりになるようなものはありません。きっと、この本はそのことを明らかにしてくれるでしょう——実際にそこへ行って、人々の暮らしや直面している困難、それに喜びを見、嗅ぎ、味わい、聞き、経験するべきだということを。外の世界は信じられないほど豊かで、いったん壁を壊してしまえば、二度とそれにわずらわされることはありません。

ダニエル　ええ。

フレッド　世界中の発展途上国で見られることですが、旅のマーケットの潜在的な大きさを示すいちばんの指標は、中流階級が増えているかどうかです。知らない場所へ行こうとするのは人間の本能で、それだけの資金的余裕が持てたときにはまず、近場へ行きます。それから、自分がいつも行こうと思っていた場所への長い旅に出ることができるようになります。ロサンゼルスやパリ、上海などへ。いったん味わうと、人はそれをずっと求めつづけます。

ダニエル　失敗した旅の経験を聞かせてください。あまり気が滅入るようなものではなく、軽いものを。いつも旅をしている人でも失敗はあるし、それはたいしたことではないということを伝えたいんです。ひどいことになった、という話はありますか？

フレッド　ええ、もちろん。そんなことばかりですよ。いちばんいいのを思いだしますね。インドですごい冒険と不運に見舞われたことがあります。タージ・マハルに行こうとしたときのことです。ぜひ訪れたいと思ったので、その日の午後、「デリーからタージ・マハルがあるアグラまで今日行けるだろうか」と相談しました。オリンピック招致を始めるまえで、簡単に通れる場所ではありませんでした。小さな町や村を通っていき、州境を越えるとき、検問所で止まり、運転手が外へ出ました。そのとき、車が大道芸人に囲まれたのです。彼らは籠にコブラを入れ、猿をリードでつないでいました。

ダニエル　「映画のワンシーンみたいだ」と思いましたか？

フレッド　カモにされるのかと思いました。これは現実なのか、と。車から出ませんでした。それでも、気持ちは張りつめていましたね。まさにコンフォート・ゾーンの外側の出来事で、どうしたらいいのかわかりませんでした。けれども運転手にとっては、なんでもないことのようでした。車から出ないようにとだけ言われ、わたしたちはそれに従いました。すごい経験でしたね。あの日のことは忘れないでしょう。

ロシアに話を戻すと、モスクワにはじめて着いたときのことを思いだします。スウェーデンの支局を開いたばかりで、その翌朝にモスクワに飛んでそこで支局を開き、業界関係者やマスコミを招いてイベントをしました。モスクワで代理店をしていて、観光局の仕事をしてくれていたロバートがわたしを空港で出迎えました。ロバートは話すのが上手でした。

彼はわたしたちと仕事ができることをとても誇りにしていました。彼はニューヨークが好きだったんです。そして彼が――これも忘れられないことですが――ラジオをつけると、ダイアー・ストレイツの曲がかかりました。車が動きはじめ――彼はかなりスピードを出していました。恐怖を覚えたことを記憶しています――車は夜のモスクワを猛スピードで駆け抜けました。クレムリンの周囲はすべてライトアップされ、映画や聞いていた話のとおりでした。その美しさにただ圧倒されました。わたしは何度も自分をつねって、これは現実なのか、このロシア人と車に乗り、夜のモスクワを車で通りぬけ、ダイアー・ストレイツを聴き、はじめての街を眺めている、これは本当のことなのかと思いましたよ。

つながりは、コンピュータで経験することはできません。人との交流が恐れを振りはらってくれます。それが人として成長させてくれるんです。だから、あなたがこの本を書いていることが嬉しいですよ。

V

心のおもむくままに生きる

ガイド本を捨てよう

みなさんはどこかへ行こうと決め、その日のうちに空港へ向かう、などということをしたのはいつが最後だろうか？

そもそも、そうした経験があるだろうか？　わたしは今年はじめて、それをやってみた。自宅で落ち着き、この本を書いていたとき、突然、極渦《きょくうず》による大寒波が発生した。わたしはナッシュヴィルに住んでいるので、冬でもそれほど気温は下がらない。一年のどの季節でも快適に暮らせるし、ありがたいことにちゃんと四季がある。子供のころを過ごしたアトランタでは、気温がたいてい37℃ほどに達する夏と、15℃くらいの夏以外の時季しかなかった。急に気温が下がって7℃くらいになったときには、あわてて冬用のスキージャケットを取りだし、まだ着られるかどうかを確認したものだ。

ナッシュヴィルでは今年、四八時間のうちに37℃からマイナス8℃まで変化したことがあった。いままでは人並に寒い気候が気に入っているとはいえ、これは少し変化が激しすぎる。

そのときちょうど、友人のシェーンが一週間わたしの家に滞在していた。わたしが朝の犬の散歩から戻ると、彼はキッチンにすわっていた。

わたしが重ね着したコートや防寒用のズボンを脱ぐと、彼はわたしを見て言った。「なんて寒さだ。どこか別のところへ行こう」

「それも悪くないな」

アメリカ国内のほとんどの場所が氷点下になっていた。シカゴではマイナス30℃まで下がり、数百本の飛行機が欠航した。あまり選択肢はない状況だ。

「マイアミに行こう」とわたしは言った。ちょうどまえの晩にマイアミの友人とビデオ通話をしていたところだった。マイアミの暖かさをうらやみ、寒くて外へ出られないときの暇つぶしの方法などを話していた。

シェーンにはわたしと同じくらい、軽はずみな思いつきに気まぐれで身を任せてしまうところがあった。

たがいに自分のノートパソコンを開き、はじめはふざけて便を探しはじめた。だが最初から冗談では収まらない雰囲気で、しかもシェーンはわたしを抑えようとしなかった。ふたりとも旅行を仕事にしていて、彼はユナイテッド航空のマイレージプラス、わたしはデルタ航空のスカイマイルにログインして便を探しはじめた。

マイアミの友人と夕食を食べるのに間に合う便を目標にした。グーグル・フライトを開くと、マイアミに午後九時に着く便があった。「これじゃ夕食には少し遅いな」とわたしは言った。

「いや、マイアミではちょうどいい時間だよ」

ところが何度か電話をかけると、問題に見舞われた。どうやら、アメリカを数十年ぶりに襲った寒波からビーチに逃避することを考えたのはわたしたちだけではなかったらしい。

わたしは諦めかけ、正直なところイライラしていた。頭のなかでは、デラノ・サウスビーチで飲み物を楽しみ、つぎのオーダーを考えている自分を思い浮かべていた。シェーンがなぜサウスウエスト航空を調べようとしたのかはよくわからない。前日の晩に観ていたNFLの中継で映っていたたくさんの広告のなかに入っていたのかもしれない。部屋には音楽が流れていたが、彼が反対側から声を上げた。「ここから逃げ出したいかい？一三〇ドルの片道のチケットが買えるよ。帰りのことはまたあとで考えればいい」

わたしはショックを受けた。それまで一〇〇〇ドル以下のチケットはまったくなかったのだ。「でもひとつ問題がある」と彼は言った。「離陸は一時間半後だ」

わたしが住んでいたのはナッシュヴィルから車で四五分ほどの郊外で、二五エーカーの農園に五匹の犬を飼っていた。出かけるにはまず農園の管理者と打ち合わせをしなくてはならない。どうしようもないときに友人に頼んで数日間畑の世話をしてもらうときは別だが、手はずを整えるのにだいたい一週間くらいはかかる。

「その便に乗るのは絶対に無理だ」。わたしはショーンに言った。「空港へは四五分もかかるし、荷造りもできていない」

「荷物なんかいらないさ。ビーチでゆっくりするだけだし、五分もあれば出発できる。行こう」

わたしはいちばん頼りにしている農園の管理者にメールを打ち、バックパックに必要なものを詰めこんだ。水着が見当たらなかった。いまは二月なのだ……わたしはクローゼットからジーンズ、下着、Tシャツ二、三枚をつかみ、外へ飛びだした。

わたしたちは時速一二〇キロでナッシュヴィルへ四五分で移動した。カウンターでチェックインの時間を取られないように、サウスウエスト航空のアカウントでログインし、シェーンはふたり分の搭乗券をプリントしようとしたが、すでに出発時刻の一時間前を切っていたのでできなかった。

料金は高くなるが、駐車係に車を預けることにした。たった二日のことだからかまわないだろう。

わたしたちはナッシュヴィル国際空港へ駆けこみ、すばやくクレジットカードをスキャンして発券機で搭乗券を印刷し、セキュリティチェックに向かった。どうやら間に合ったようだ。出発まではまだ二五分ある。ナッシュヴィル国際空港のセキュリティチェックの列はたいてい、ぎっしり並んでいて一時間半かかるか、それともまったく誰もいないかどちらかだ。運よくその日はがらがらだった。

セキュリティを通過したあともまだ駆け足だったが、シェーンは携帯電話を持って搭乗ゲートへ向かってのんびり歩いていた。途中で振りかえって彼を探すと、ゲートの前のワインバーで冷えたビールを二本注文していた。

翌朝、プールでミモザを飲んでいるとき、彼はわたしのほうを向いて言った。「ほら、逃げ出せただろう？」

ばかげた出費や無茶な運転、あるいはなんの計画もなしに家を飛び出ることをお勧めしたいわけではないが、それは間違いなく楽しい時間だった。わたしたちはふたりとも年間三〇万マイル旅しているから、〝バッグにあわてて荷物を詰めこんで外へ出る〟経験ははじめてのことではないが、なんの目的もなく、ただ楽しみのためだけにしたのははじめてだった。つぎの極渦に備えて、通帳に五〇〇ドル多めに貯めておこう。いつ旅の衝動が襲ってくるかわからないのだから。

ジェレミー・ジョーンシー

ジェレミーはビューティフル・デスティネーションの創業者でCEOを務めている。同社は国家ブランディングを中心とした広告代理店で、各国政府や観光局に協力し、それぞれの国が世界からどのように見えているかを理解するのに一役買っている。

ジェレミーはインスタグラムの有名人だ。彼の個人用アカウントには七〇万人を超える、またビューティフル・デスティネーションのアカウントには二二〇〇万人ものフォロワーがいる、旅行関係では世界最大のコミュニティだ。

彼はスコットランドで育ち、年代別代表チームに選ばれるほどのラグビー選手だったが、旅に関心が移り、立ちあげたビジネスが国際的に認知されるようになった。ジェレミーはいつも、旅は世界によいものをもたらす力だと語っている。わたしがこの本を書こうと思ったとき、はじめに考えたのは彼のことだった。

ダニエル・ホートン　旅は世界を変える。あなたはそう信じていますね。それはなぜですか？

ジェレミー・ジョーンシー　その出発点は、旅はよいものをもたらす力であり、世界中の人々をつなぐ共通言語だという情熱的な信念です。人を結びつけるこの力こそが肌の色や年齢、出身地、性別、財産など重要ではないということを示してくれるのです。

旅の経験はまさに革命的です。わたしは若いころに旅をする機会があり、とても幸運でした。そしてビューティフル・デスティネーションがビジネスとして発展してくると、旅が大人に対して及ぼす影響を直接見ることができるようになりました。

わたしは旅を三つの要素で考えています。一つめは、個人的なことです。心を開いて世界を旅し、新しい文化を受けいれ、知らない人々と会うならば、彼らの考え方を理解できるという発想です。ある場所を訪れ、その文化のなかで過ごすというごく単純なことです。

二つめは、これも同じくらい重要なことですが、経済的な影響です。よく知られているように、旅は世界第二の産業です。世界のあらゆる仕事のうち一〇分の一は旅行に関係しています。何億人もの人々に影響を及ぼす、数兆ドル規模の産業なのです。誰かがはじめての国を訪れ、そこで消費すれば、直接経済的な影響を与えます。旅は世界のＡＴＭのようなものだという言葉があります。旅行者は、飛行機から降りてその国に足を踏みいれたときから、そこで現金を落とすことになるからです。旅は財政援助やインフラ整備とはちがって、効果を確認するために時間を要することもありません。

三つめは、より現在の状況に関わるものです。旅は、わたしたちが今日生きている世界と関わっています。現在の各国政府やポピュラー・カルチャー、産業は、わたしたちに壁を作り、故郷へ帰り、他者をそれぞれの違いによって判断せよと伝えてきます。そうしたなかで旅は、性別、年齢、人種などの違いは実はまったく重要ではないと気づかせてくれるのです。

旅にはそのような人間らしさを取り戻させてくれる力があるとわたしは信じています。だからこの本は、まさにいま読んでほしいですね。ソーシャルメディアやデジタル技術によって、いまではるかに多くの人に旅の経験を共有することができるようになっているのですから。はじめて訪れた国に降り立つ様子を動画に撮って、数百万の人々とシェアすることができます。それによって、その国に対する認識はがらりと変わるでしょう――しかも時間も資金も必要ありません。

ダニエル　これまでに訪れた場所について、簡単に説明してもらえますか？

ジェレミー　わたしはいつも、できるだけ多くの文化を経験することを自分の使命だと考えています。これまでに中東やアジア、南太平洋地域、ヨーロッパ、アメリカを訪れたことがあります。最も大きな気づきを与えてくれたのは、たとえばはじめての中東での経験でした。文化や人々について、あらかじめその地域についてのイメージを持っていましたが、はじめて実際に触れたときに、予想とはまったく逆の経験をすることになったんです。そのことがわたしの目をまさに開かせてくれました。

他国について、人はそれぞれちがう考えを持っています。中東で事前の予想とは何もかも異なっていたという経験をしたことは、とても役立ちました。また正反対の経験をしたこともあります。二〇代の終わりに日本に行ったとき、はじめて、完全な無力感を味わうことになりました。

わたしはそこで、自分が完全な異邦人だと感じました。人と意思疎通もできないし、道路標識も読めない。タクシーの乗りかたも、地下鉄の切符の買いかたもわからない。

その経験は、とても謙虚な気持ちを思いださせてくれました。そして、旅が持つ力を改めて考える機会になりました。誰でも、小さな子供のころや大人になる過程で、自分の国に来た旅行者を風変わりな人間とか、外国人だと思ったことがあると思います。でもその逆の立場に身を置かないと、世界がどれほど興奮に満ちた場所であるかを知ることはできません。

ダニエル　そうした場所を思いかえして、忘れられない場所はどこですか？「ああ、自分がこんなことをしたなんて信じられない。これが本当に自分の人生なんだろうか？」と思った場所はどこですか？

ジェレミー　最近の旅のなかで、いちばん影響があったのは、ひと月ほどまえにしたエジプト旅行ですね。アラブの春［二〇一〇年から起こったアラブ諸国の民主化運動］ののち、エジプトの旅行業界はかなり落ちこんでいました。ところがエジプトでは、観光への依存度はかなり高く、文化に浸透していて、世界中の子供の夢にほかのどこよりも影響を及ぼしています。

先月はじめて訪れたとき、とても運がいいことに、入場時間のまえに、地元の馬車の御者たちと一緒にピラミッドのなかに入ることができました。彼らはわたしたちを朝四時半に馬車でそこへ連れていきました。それから日が昇るのを一時間半待ち、朝ごはんを食べながら、ピラミッドの上に太陽が昇るのを見ていました。

子供のころ、古代エジプトの文化について本を読み、その場所に行ったらどう感じるだろうと想像していたので、これまでで最も現実離れした経験になりました。

ダニエル　旅は恐怖心を引き起こすこともあります。あなたやわたしは毎週飛行機に乗っているので想像しづらいですが、旅をしたことのない人は大勢います。そのことについてお願いします。また、飛行機に乗ったことがない人に対して、どんな言葉をかけますか？

ジェレミー　未知の文化に触れるという恐れも、旅をすると孤独になるという感覚も、人間の本性は善良なのだと信じれば完全になくなります。わたしはどこに住む人でも、人種や背景、出身国にも関係なく善良さを持っていると心から信じています。

マスメディアの影響で、本来、人は理解しあおうとし、よりよい自分になろうとしているけれども、ちがう背景を持つ人々と出会ったとき、人はたがいを見下してしまうという考えが世界的に広まっていますが、それは根本的に間違っています。

わたしの経験では、人はみな善良で、同じことを大切にしており、誰もが愛し愛されることを求めています。家族を築き友情を育み、どれだけ努力をしても成功したいと思っています。

それは日本人であれセネガル人であれ、出身地がロンドンであれケンタッキー州であれ、変わりません。旅を通じて自分で本当に経験しないとそのことは理解できないでしょう。

つぎに言いたいのは、世界には未知のことがたくさんあるということです。そして旅をすると、珍しいことがたくさん起こります。そうした経験を自発的に行うことで、完全に、根本から人生が変わります。

旅を恐れ、旅をしたくない人は、悪い変化が起こることを心配しているようです。わたしはこれまでどんなときも、たとえ短期的には悪い経験をしたときでも、それを乗りこえたことは長期的にはよい影響を及ぼし、人生を豊かにしてくれたと思います。

旅は計画を立てることができます。どんな経験をしたいか、気が済むまで何度でも決められます。だがそれでも、旅の途中で計画に変更を加えて新しいことを経験するのに優ることはありません。

旅をしたことがない人や旅に不安を感じている人と出会ったときは、よくスマートフォンを使います。何も言わずに、インスタグラムで旅のすばらしさを見せるのです。わたしたちのビジネスが成功した理由はこれに尽きます。

わたしたちは人々の潜在的な欲求に入りこむことに成功しました。人々は高揚感や、はるか遠くへ自分を連れていくような瞬間を望んでいるのです。非現実的だと思われても、ジンバブエのサバンナの美しい日没や渋谷のスクランブル交差点を見せれば、見る人を興奮させることができます。

とてもわくわくしますね。わたしたちが制作したインスタグラムの画像や動画を見て、たくさんの人が警戒心を少しだけ緩めて、「ああいう場所に旅行に行くのは楽しいかもしれない」とか、「まだ行ったことのない土地でビーチにすわったり、コーヒーを飲んでみてもいいな」と考えているということに。

ダニエル　これまでに、ひどい目に遭った旅の話を聞かせてください。

ジェレミー　会議のためにニューヨークに戻らなくてはならなくなったことがありました。営業的にとても重要で、もし参加できなければ、顧客を失う可能性がかなり高い会議でした。

ニューヨークでは、雪が降ると街が閉ざされます。よその空港からニューヨークへ行くときには一目瞭然です。フライトは延期され、やがて欠航になります。

そしてこのとき、わたしの便は欠航になり、つぎの便でも搭乗拒否されました。それから五回搭乗拒否され、つぎの便を予約しましたが、どれも出発しませんでした。必ず乗れると希望を持ちつづけていましたが、話をはしょると、結局ニューヨークに戻って会議に参加することはできませんでした。ところが予期せぬことに、顧客企業も緊急の取締役会のために会議に出席できなかったんです。

とても運がよかったと思います。もし会議に間に合っていたら、その会議はよくない結果に終わったはずです。運よく先方の取締役会が急に行われ、それで状況が変化し、三週間後に改めて会議が設定されました。その変化は、わたしたちにとってとても好都合なものでした。契約を失うかもしれなかったのに、結局さらに大きな契約を得ることができたんです。こうしたことから、ひどい経験をしているときでも、旅はすばらしいものだと考えるようになったんです。

ダニエル　ときには吹雪で状況が好転することもあるんですね。

ジェレミー　まさにそうです。

キャプテン・リー・ロスバック

この何年かで、ビデオ・オン・デマンドのサービスでテレビ番組を一気に視聴した人は、〝キャプテン・リー〟を目にしているかもしれない。リー・ロスバックは『Below Deck』というリアリティ番組の主役だ。その番組では、毎回クルーとともに富裕なゲストを巨大なクルーザーに迎え、彼らの経験を聞く。現在は第七シーズン、八五話目のエピソードまで放送されているが、勢いはまったく衰えていない。

わたしはこの番組の、とくにリーの大ファンなので、彼の独特で豊富な経験から旅のヒントをもらえないかと、連絡を取ってみた。

ダニエル・ホートン　キャプテン・リー、お目にかかれて光栄です。

キャプテン・リー　こちらこそ。

ダニエル　あなたはいまどこにいらっしゃるんですか？　撮影中ですか？　そもそもどうしてこの業界に入ったのかぜひお聞かせください。子供のころ、旅行をしていましたか？

キャプテン・リー　子供のころは、まるで旅行をしたことがなかった。両親が離婚していたから、あちこちへ旅をする余裕はなかったんだ。休暇には出かけるという家庭は多いけれど、少なくともそうした環境ではなかった。わたしがずっと旅したいと思ってきた理由だけど、人生はひとところに留まるには短すぎる。世界中にはとても独特なすばらしい場所がたくさんあるんだから。
　ぜひ経験すべき文化がいくらでもある。どうやってそこへ行ったのかは問題じゃない。大切なのはそこへ行き、経験することだよ。ときには、旅そのものがいい経験になる。だから旅には不必要なことは何もない。荷造りや、荷ほどきも含めて。

ダニエル　ええ、そうした部分は大変なこともありますね。船で暮らしていると、それほどたくさんのものを運ぶ必要はないのではないですか？

キャプテン・リー　船が大きくなるほど、荷物は増える。それに、乗客は普通はたくさんの荷物を持って乗りこんでくる。

ダニエル　足りないものなんてなさそうですが。

キャプテン・リー　選択肢が欲しいんだろうね。でも結局は、持ってきた服のうち、一割ほどしか着ない。

ダニエル　そうでしょうね。

キャプテン・リー　家で暮らしていても同じことだね。

ダニエル　船長になり、テレビ業界に入るまえに、たくさんの旅行をされたんですか？　それは北米やその周辺が中心でしたか？　それともさまざまな場所へ行かれたんですか？

キャプテン・リー　はじめて海外で長期の滞在旅行をしたのは、タークス・カイコス諸島のレストランに行ったときだった。わたしの家族はインディアナ州の北西の角、シカゴのすぐ近くでレストランをしていた。シカゴに近かったので、時間帯は中部標準時に合わせていた。あるとき友人のひとりが、タークス・カイコス諸島のレストランを買収できるかもしれないと言ってきた。わたしはいつも冒険を探していたので、行かない手はないなと思った。それでそこへ行き、視察して、契約した。

一家総出で引っ越した。ところがその後予想できないことが起こった。レストランから二ブロックほどのところにあるホテルとカジノが立ちゆかなくなってね。資金が尽き、借り入れもできなかった。その結果として、わたしの長期計画はかなり当てが外れてしまった。島でビジネスをするには、地元のパートナーがいないとどうにもならないからね。

ダニエル　まるで中国でビジネスを始めるような話ですね。

キャプテン・リー　それで、島のパートナーを作った。かなりうさんくさい男だったんだが、わたしは長年そのことに気づかなかった。彼に薬物の問題があることを知って、長いあいだサポートしたが、やがて現金がなくなり、わたしは働かなくてはならなくなった。労働許可はなかなか下りなかった。島の出身者はどんな仕事でも最初から手に入れられる。彼らが嫌になって放棄した仕事がよそ者にまわってくるんだ。正規雇用の仕事はなかったね。

ダニエル　なるほど。

キャプテン・リー　それで、イギリス領ヴァージン諸島やシント・マールテンに向かう船の甲板員として働きはじめた。その仕事をしたのは、金が必要だったから。それがはじめての冒険、船旅だった。家に帰ると、妻に言った。「楽しいよ。こんなことがやりたかったんだ。わたしは船長になりたい。船に乗りたい」と。

ダニエル　それから船長になるまで、何年かかったんですか？

キャプテン・リー　たしか五年。その間は、本当に勤勉に働いたね。まずアメリカに戻り、銀行口座をまとめてから、船がたくさんあるフロリダに移った。フロリダに移るとまず職に就かなくてはならなかった。船で雇われ仕事をしたり、ただ働きしたりして、船長としての免許を得る試験を受けるための条件を満たした。免許を取ると、どんな船でも気にせず引き受けて、さらに上級の免許を得るために経験を積んだ。

ダニエル　あなたの番組を観ている多くの人が、カリブ海のどこかへ行ったことがあると思います。先シーズンには、全員で海外へのちょっとした冒険に出かけましたよね。わたしは、この番組には視聴者に世界を見せるという役割があるように思います。視聴者は巨大クルーザーに乗ることはないかもしれませんが、外国へ行くきっかけになればいいと思います。

寄港地で船から降りて過ごす時間はあまりないかもしれませんが、あなたがこれまでに外国で見たものを教えていただけますか？　そうした話をこの本で公開できたら、読者にとってすばらしいことでしょう。

キャプテン・リー　そうした部分は色褪せることはない。目的地がどこであれ、きっと驚くようなことが起こる。イギリス領ヴァージン諸島の端にあるヴァージン・ゴルダ島の、バスという海岸には、巨大な石がある。それを見ると、「どうしてあの場所にあんなものがあるんだろう」という気分になる。

ダニエル　すごいですよね。わたしも一一歳のとき両親に連れられて行ったんですが、まるで見たこともない惑星のようでした。

キャプテン・リー　あそこに人を連れていくのは、快感なんだ。道中、期待をあおったりして。「きっと信じないだろうけど、これから見せるものは本当にすごいんだ」と言って。その場所に着いて驚いた相手の顔を見ると、やはり連れていってよかったと思うんだ。

ダニエル　世界中からクルーを集めていますよね。きっとたくさんの若者の人生に関わっていることでしょう。そのあたりについて少し教えてください。

キャプテン・リー　若者たちの多くは、はじめて船に乗ったとき、外に広がっている世界の巨大さがあまりよくわかっていない。世界を経験するいちばんよい方法は船で各地をまわることだと思う。それによってとてもたくさんの場所へ行き、普通は触れることのできないものに触れられる。

ダニエル　ええ、そのとおりですね。

キャプテン・リー　世界でもひと握りの人しか見たことがないものが見られる。実際に、世界にはたった五〇〇〇隻しか巨大クルーザーはないんだから。しかもそのほとんどはドックにつながれたまま。

若者たちには、この仕事で給料までもらうというのはとても幸運なことだと言って聞かせるんだ。多くの人がただ想像することしかできない場所へ行ける。たとえば雨のタヒチでランチを食べるとか。知りあいのうち、どれくらいの人にそんな経験があるだろうか。

ダニエル　おそらくとても少ないでしょうね。

キャプテン・リー　それに感謝し、当たりまえだと思わないこと。デジタル機器ですべてを体験したような気になるミレニアル世代らしさは捨てるべきだね。

ダニエル　そうですね。わたしも好きではありません。不幸なことに、多くの人はそんな体験しかしていない。でも、長い年月のあいだには、人が成長し、成熟する姿をご覧になってきたのではないですか？　とくに一緒に働いてきた人が成長するのを。きっと、はじめに船に乗ったときはロープも満足に結べなかった若者がプロとしてひとり立ちするのを見てきたでしょう。

キャプテン・リー　人が自分でも想像できなかったような姿に変わるのを見るのは楽しいことだよ。彼らはほんの少しの勇気とほんの少しの教育によって、辞めずに頑張っていける。人として成長していける。

ダニエル　ええ。旅によって、成長は早まるのではないでしょうか。

キャプテン・リー　そうだね。彼らは世界には自分の国以外にも多くのものがあることを学ぶ。たくさんの異文化があって、そのなかには好きになれるものも、そうでもないものもある。それでも、現地で暮らす人々に敬意を払わなくてはならない。そこは彼らの土地だ。そしてそこに行ったら、自分が合わせなくてはならない。

ダニエル　ええ、そこは彼らの領土ですからね。そして自分がやるべきことをやり、その文化を理解するのは、それぞれの心がけしだいですね。まえもって大学のコースを履修する必要はありませんが、知るのは楽しいことです。それによって友達もできるでしょう。

キャプテン・リー　そう。その土地ではどうするのがマナーなのかを理解したほうがいい。故郷では笑って許されることでも、よそでは人の気分を害してしまうことがある。だから新しい場所でうまくやっていくためにはどうすればいいか、調べたほうがいいね。

ダニエル　ゲストが到着するまえ、乗組員が待機しているときや、ゲストがいないあいだの休暇に、船を降りてその場所を歩きまわることはありますか？　休みにはリラックスしてビールと食事を楽しみますか、それとも観光をしますか？

キャプテン・リー　たいていはそのときの気分に任せる。きちんとしたレストランよりも、通りで物売りが食べ物を売っているような場所が好きだね。南米では街に出ることもある。酒場に行ったりぶらぶらして、おいしいものを食べる。それがその国の文化を知る最高の方法だからね。最高級ホテルは、世界中どこでも変わらない。シーツは非の打ちどころがなく、すべてが完璧に準備されている。細かいところまでなんの落ち度もない。そうしたところでは、その国や人々の暮らしについては本当のことは何もわからない。そこから出て、上辺だけでないことを経験しなくては。

ダニエル　インタビューしているみなさんに、いまでは笑い話になっている旅の失敗について伺っています。何か思い当たることはありますか？　番組のことでなくてもかまいません。

キャプテン・リー　ひとつ面白い話がある。妻と小型飛行機でハイチへ行ったことがある。六人乗りだった。もしひとりが操縦士と副操縦士のあいだの冷蔵庫かビールの上にすわれば、七人乗れる。到着したときは国中でストライキをしていた。空港に着陸すると、補給する人がいないので燃料が買えず、誰かに金を渡してほかの飛行機から燃料をくすねなくてはならなかった。どうしてもラ・フェリエール山の頂に築かれた要塞シタデルが見たかったんだ。

ダニエル　それはすごい経験をしましたね。

キャプテン・リー　ああ。そこへ行くまでもかなりの旅だった。四輪駆動車で山腹まで登り、そこから上は馬に乗り、若者に馬を引いてもらわなくてはならない。馬の背に乗ったり、尾にしがみついて登ったり、馬が立ちどまらないように鞭で叩いたり。三〇年前のことだけど、すさまじい貧困があり、かなり気分がふさいだよ。それでも行けてよかった。

ダニエル　そうした場所へ旅するのはいいことだと思っています。快適な家に帰ってきて、その国に関するニュースを見たとき、少なくともそこの状況をいくらか知っていて、共感することができます。
もしも魔法の杖を持っていて、好きな場所に行けるとしたらどこに行きますか？

キャプテン・リー　いまなら、ガラパゴス諸島だろうね。

ダニエル　ガラパゴスには巨大クルーザーは多いんでしょうか、それとももっと小型の船が多いんでしょうか？

キャプテン・リー　小型のものだね。膨大な費用がかかる。現地政府に請求されるんだ。個人所有の船であれば、入港料は一人当たり一日二五〇ドル。クルーも含めてね。巨大クルーザーでは、だいたい一二人のゲストと一三人のクルーが乗っている。

ダニエル　すると一日に数千ドルかかりますね。そのほかに燃料代も必要です。

キャプテン・リー　たぶん、それは人々を島から遠ざけるため、島の環境を守るためだと思う。でもそうした問題を考えなくてよければ、そこでひと月過ごしたい。

ダニエル　すばらしい。ええ、それはきっと楽しいでしょう。わたしは行ったことがないんです。わたしにとっても、行きたい場所のリストの上位に入ります。

キャプテン・リー　そうだね。コート・ダジュールのような、ありきたりの場所では、知りあいと会いそうな気がしてしまう。だからそうではないところに行きたいんだ。それに地中海もあまり好きではない。誰もが自意識過剰で、「ここにいるわたしを見て」という感じがするからね。

ダニエル　最近では、奥さんとどんなところを旅していますか？

キャプテン・リー　今年はサウスカロライナ州のチャールストンへ行く予定だよ。以前、一度訪れたことがある。わたしは都市が好きなんだ。すばらしいレストランと文化があるから、街の歴史に詳しい人と馬車ツアーをしてみたい。話に聞くと、そこではポーチの天井は、一七世紀に黒魔術師を寄せつけないような色に塗られているそうだね。

ダニエル　わたしは家を買ったばかりなんですが、ポーチの天井をやはりその色にしました。その色なら、実際に虫除けになると信じているんですが、おかしなことかもしれません。ただ見た目はいいですよ。

キャプテン・リー　そうだね、それにわたしはチャールストンの建物が好きなんだ。とても趣のある街だよ。

ダニエル　最後の質問です。これまでに訪れた場所を思いかえして、旅によってあなたはどう変わりましたか？　心が開かれましたか？　新しい友人が増えましたか？

キャプテン・リー　いまの仕事ができ、報酬を得て、快適に過ごせるのはなんと幸運なんだろうということを思いださせてくれる。そのことにとても感謝しているよ。世界には、わたしの何分の一も持たない人がたくさんいる。そのことに罪悪感は抱かないけれど、自分はとても運がいい。そう考えるべきだと思う。

ダニエル　今度こそ最後の質問です。いまから一〇年後、あるいは二〇年後のことを考えるとき、何が思い浮かびますか？　船長を続けているでしょうか？　あるいはいつまでという期日を決めていますか？

キャプテン・リー　一年で、行きたい場所のうち一、二か所に行くことを目標にしている。リタイアしたいとは思わないね。リタイアはあまり好きじゃないんだ。

Ⅵ

冒険精神を抱くには

旅行をする理由として最もよく挙げられるもののひとつに、冒険がある。わたしがインタビューした人々全員が、少なくとも一度はこの言葉を使っていた。そして、それは当然のことだ。新しいものを求め、同時にそこに少しの恐怖を覚えるのが人間の性質だからだ。

旅は未知と既知の連続だ。旅に出るときには、目的地やそこへの便、そしてどこで泊まるか、そこで何語が話されているか、街中をどうやって移動するかを知っていることが多い。だが未知のものははるかに多い。そして目的地に着くまえから、冒険はすでに始まっている。空港は魅力的な場所だ。わたしはこれまで、おそらく世界中の一〇〇近い空港を利用してきたが、そのなかには退屈な場所も、度肝を抜かれる場所もあった。

ドバイではじめてエミレーツ航空の飛行機を降りたとき、座席のクラスごとに空港の建物の階が分かれていることを知った。ある階はファーストクラス用、別の階はビジネスクラス用、そしてさらに別の階はそれ以外の全員だ。すべての階に同じ店があるのだが、飛行機に搭乗するまでほかのクラスの乗客と交わることがない。

またかつて、シドニーの空港のラウンジでスパを見つけたことがある。「スパ？」とわたしは聞いた。「はい。ご予約なさいますか？」

「します」と答え、実際に利用してみた。そんな場所でスパに入ったことはなかった。また、空港の驚くべき場所でマッサージを受けたこともある。飛行機が離着陸する滑走路を一望できるところだった。

空港での冒険には、あまり楽しくはない宿泊も含まれる。トム・ハンクスの映画『ターミナル』ほどひどくはないが、天候が悪く空港で待たなければならなくなり、眠たくてしかたなくなったとき、椅子をつなげて、荷物に毛布を掛けてベッドにし、そこを仮の宿にしたことがある。

旅をする理由をロンリープラネットの編集長トム・ホールに聞くと、まっさきに冒険が挙がった。

「〝旅行〟という言葉は、ほかの言葉への入り口だと思いますね。つぎに頭に浮かぶのは〝発見〟、そしてそのつぎが〝冒険〟ですね。冒険には、瞬時に心を高揚させる効果があります。自分がこれまでにしてきたことと、将来やってみたいことのどちらも含まれている」

旅に出発するとき、人は自分が何をすることになるのかを知らない。ときには、想像すらできなかったことが起こることもある。

たとえばわたしはこんな旅をしたことがある。仕事でオーストラリアに行き、週末をシドニーで過ごすことになっていたのだが、予定が変わって月曜の朝にメルボルンに行かなければならなくなった。そこで月曜の最初の便に乗るのではなく、先にメルボルンに移動して週末を過ごすことにした。

メルボルンに着いたときには、予定といえば睡眠をとって時差ぼけを解消することしかなかった。そこで地元の人々の多くが推薦してくれた店でランチを食べることにした。なかに入ると、予約のキャンセルが出ていたカウンターの席にどうにかすわることができた。

少し話をしてから店を出ようとすると、見知らぬ人々のグループに、あとで一緒にビールを飲もうと誘われた。街に友人はおらず、自分の会社の社員しか知りあいはいなかったので、同じくらいの年齢の人々とよく知らない街で過ごすのは楽しそうだと思った。

二時間ほどして彼らと落ちあい、それからぶらぶらと街のなかの何軒かのパブをまわった。つぎつぎに友人が加わり、グループの誰かの知りあいに会い、移動するたびにメンバーが増えていった。

何時間か経ち、何軒かのバーをまわったあと、とても狭い裏通りの席の少ない店に入った。誰かに連れていってもらわないと、とても見つけられそうにない場所だ。

カウンターに注文をしにいくと、バーテンダーが話しかけてきた。そしてカウンターから出てきて会話に加わった。どうやら彼はその店のオーナーらしい。彼は天井を工事して店を広げようとしているという話を始め、店中を歩いて見せてまわり、その拡張工事のいきさつを語った。

何杯か飲んだあと、彼はわたしを角の柱の、開店以来知りあったその店の客が身長の高さにしるしをつけているところへ連れていった。わたしは身長一九五センチとかなり背が高いが、アメリカではそれより高い人はたくさんいる。彼に身長を測ってもらうと、わたしは開店してからその店に入ったなかでいちばん高いことがわかった。それで、そのあとの飲み物はすべて無料にしてもらえた。彼とわたしはいまも友人で、それ以来ふたりで会ったことはないけれど、ときどきメールの交換をしている。オーストラリアを訪れるときには、必ず彼に連絡を入れている。

ケヴァン・チャンドラー

ケヴァン・チャンドラーほど気づきをもたらしてくれる旅人にはなかなか出会えないだろう。生まれつきの神経疾患のため歩くことができず、生涯ずっと車椅子で生活してきた。それでも旅に出たいという思いを捨てられず、彼は友人たちの助けを借りて、バックパックのように運ばれて旅をすることにした。全員でヨーロッパへ行き、友人たちが交代で彼を背負ってパリを見てまわった。そして、わたしたち誰もがそうなるように、道に迷った。彼は信じられないような世界観を話してくれた。

ケヴァン・チャンドラー　おはようございます。

ダニエル・ホートン　おはようございます。時間を取っていただきありがとうございます。まずは旅の話のまえに、あなた自身や仕事のことを聞かせていただけますか？

ケヴァン　ええ。わたしは三二歳です。フロリダ州南部で生まれ、ノースカロライナ州中央部で育ち、いまはインディアナ州北部で暮らしています。一歳半か二歳のとき、脊髄性筋萎縮症と診断されました。脳幹の変性によって起こる神経筋疾患で、手足にうまく命令が伝わらなくなり、その結果筋肉が萎縮する病気です。

だからこれまでずっと車椅子で生活してきました。自分で歩いたことはありません。わたしの姉もやはり筋萎縮症と診断されて、五、六歳のころまで歩けませんでした。兄は健康です。わたしの両親は、姉とわたしを、最初からできるだけ普通に育てることにした。もちろん、そのためには通常以上の努力が必要なこともあったけど。それでも、友達と一緒に教会や普通の公立校へ通ったり、子供たちとサッカーをしたりして、普通に近い生活をしてきました。

わたしの家は社会との関係も開かれていて、こちらから社会へ出ていくだけでなく、いつも誰かがわが家に来ていた。周囲ではノーマライゼーションが進んでいて、人々は姉やわたしを見ると、当たりまえのように手助けしてくれました。それによって、わたし自身も障害を持ちながら、健常者の世界でできるだけ普通に過ごすことができた。だからわたしは世界に対してあまり不足を感じることはなかった。人を呼んですぐに助けてもらい、問題を解決したり、自分のまわりにたがいに助けあうコミュニティを作ることができたから。

そこで、豊かで深いたくさんの友情が育まれました。それは本当に恵まれていると思います。何か月かまえ、『Bond of Brotherhood／兄弟の絆』［マイケル・ウォルザック著］という本を読んだけど、それは心の奥の気持ちを伝えられずに苦しんでいる人々の物語で、少しずつスポーツや天気よりも深い会話ができるようになっていくという内容でした。それを読んで思ったのは、「多くの人は、ひとりかふたり深い話ができる人とつながりが持てれば運がいいらしい。自分にはそういう人が三〇人いる。これはすごいことだ」ということだった。

わたしは本当に恵まれている。それは、わたしの個人的な必要から生まれたものです。身体的な必要だけでなく、ほかの人が必要としているときにつながりを持ちたいというわたしの願いもある。わたしが育ってきたのはそういう世界です。父はピードモント航空で飛行機の整備工をしていて、その後アメリカ空軍に移った。だからどこへでも飛行機で行けたし、父はカナダの西海岸、母はフロリダ出身なので、あちこちに親戚がいる。それでいつも長い時間をかけて長距離移動していた。父は整備工だったので――あなたのお父さんも整備工なのでわかるでしょうが――なんでも直したり作ったりしてくれました。

ダニエル　まさになんでも、ですよね。

ケヴァン　飛行機なら、組み立てるのも分解するのも自由自在でした。

ダニエル　ほかにもなんでもできました。配管や電気関係もわかりますからね。

ケヴァン　そう。

ダニエル　木工はあまり得意ではなかったですね。でも、なんでも直してくれました。エアコンなどの空調設備から、あらゆるものを。わたしの最初の家の配管を一週間でやり直したこともありますよ。

ケヴァン　そうでしょうね。そんな環境で育って、物事をよく観察するようになりました。手元にあるものをよく見てなんとかしよう、と。八〇年代から九〇年代には人工中絶反対派として活動していた母に似たんですね。わたしが育ったのはそんな世界でした。朝起きて、自分ができることとしたいことを考え、そのバランスを取って行動する。そうやって創造性を身につけた。高校に入ると、バンドを始めました。高校や大学時代にはかなり旅をしました。

ダニエル　楽器は何をやっていたんですか？

ケヴァン　ハーモニカと歌です。そして、大学に入ると友人たちと寮生活をするようになりました。友人に助けてもらって旅行をしていたので、きっと生活の面倒も見てもらえると思ったんです。わたしは家から三〇分ほどの寮に入りました。卒業後にはインディアナ州のフォートウェインに引っ越し、ここで暮らして五年になります。そのあいだにしばらく、アーカンソー州で刑務所の仕事をしていたことや、ノースカロライナ州に戻っていた時期もある。それでも、ずっとヨーロッパへ行きたいと思っていました。祖先が暮らしていた場所だということもあるし、芸術や音楽を鑑賞したくて。わたしは二〇世紀初頭のイギリスの作家が好きなんです。チェスタトンやJ・M・バリー、それにもちろんトールキンも。だからそこへ行って、物語の舞台を見たかった。ジプシーで、第二次世界大戦中にギターを演奏しながらフランスをまわったジャンゴ・ラインハルトについて文章を書いたこともあります。だからいつもヨーロッパへ行きたくて、そのことを考えていたんですが、わたしが現地でしたいと思っていることは車椅子ではできないことばかりでした。

ダニエル　とくに古い歴史的な建造物は……それにヨーロッパは全体に車椅子で行くのは難しいですね。はじめての外国旅行について教えてください。

ケヴァン　二〇一六年のことでした。その二年前、ノースカロライナ州のグリーンズボロで友人たちと下水道を探検したことがありました。そのとき、金属製のフレームで間に合わせのバックパックを作ってみたんです。

ダニエル　「一緒に入りたいから、方法を考えよう」とあなたから言ったんですか？

ケヴァン　このときはそうではなくて。友人のひとりから、「ずっと下水道に入ってみたいと思っていたんだ。一緒に来ないか」と誘われたんです。わたしは「いいよ」と答えました。そこで車椅子なしで行く方法を考えました。同じようなことは、すでに経験していました。たとえば友人の家に行って、そこに階段があれば、車椅子は外に置いておくこともあったんです。車椅子なしで、もう少しほかのことができるかもしれないと考えていたところでした。それで一緒に変てこなバックパックを作ってそこへ行き、下水道のなかで三時間過ごしました。それがとてもうまくいったので、その年の夏には「ずっとヨーロッパに行きたかったんだ。田園部に行きたいんだけど、そこは車椅子では行けない。でも、こうすればいいじゃないか」と。

ダニエル　じゃあ、バックパックで問題は解決できた、ということですね。

ケヴァン　ええ。いつもそんな考えかたでやってきましたが、これほどではありませんでした。それで同じ友人に「もう一度同じことをしよう。今度はヨーロッパで、三週間、地上で過ごしたい」とメールを送りました。彼は賛成してくれました。そこでメンバーを四人集めて、クラウドファンディングをして、ちょうど一年後に、パリに着きました。ざっとそんなところです。

ダニエル　なるほど。いままではよく飛行機に乗っていますか？　その点では慣れていたんですか？　「はじめてヨーロッパへ行った」というのが大事なところなんですね。

ケヴァン　ええ。それまでは、北米しか飛行機で行ったことはありませんでした。でもパリへは、空港に車椅子を置いていきました。それは大きな出来事でした。日曜にホテルを出てバスで空港へ向かい、それから三週間はバックパックのなかに入っていました。

ダニエル　ええ。

ケヴァン　運んでくれる四人の友人がいてくれました。それが以前に飛行機に乗ったときとの大きな違いです。アトランタ国際空港には六時間前に到着しました。わたしをバックパックで背負っていったら、何が起きるかわからなかったので。

ダニエル　どうなりましたか？

ケヴァン　ほんの一〇分で終わりました。すごいことですよ。わたしをバックパックから出そうとすらしませんでした。ただ荷物を降ろしてセキュリティを通しただけでした。わたしのことを軽く叩いて、どうぞ、あなたは行っていいよ、という感じでした。こんな簡単だったことはありません。

ダニエル　それで、パリに到着して税関を通過するときはどうでしたか？　同じようにいきましたか？　一緒に行って、すぐに通してもらえましたか？

ケヴァン　大した問題はありませんでした。飛行機のなかでも、わたしはバックパックから降りていたからです。自分の席がありました。それで飛行機から降りると、普通の椅子にすわらされました。ほかの人と変わりませんでした。

ダニエル　よかった。だったら問題ありませんね。ヨーロッパ旅行や、それにまつわることを聞かせてください。北米をまわるのとどういった違いがありましたか？

ケヴァン　公共交通機関はとてもよかったです。地下鉄や列車などどれも便利でした。車を借りたりはしませんでした。すばらしかったですよ。大変だったのは、わたしたちが総勢七人だったことです。

ダニエル　それは旅のグループとしては多いですね。

ケヴァン　ええ、でもそれだけの人数でないとこの旅行はできなかったんです。わたしを交代で運ぶ友人が四人、そして撮影するために二人必要で。全員で移動したり、わたしを運ぶ人を交代するタイミングなどは難しかった。でも考えてみれば、階段があるかどうか、列車や地下鉄に乗れるかどうかなどをあまり心配する必要はありませんでした。

あまり準備せずただ飛びこんだんですが、それはすばらしい経験でした。去年（二〇一八年）の一〇月に、またイギリスとアイルランドに、今度は車椅子を持って行ったんですが、その違いも面白いものでした。地下鉄に乗るまえに、スロープが準備されているかどうか確認しないといけないんです。問題は起きませんでしたが、そこがバックパックとの違いでした。あとは、車椅子で行けるかどうか。友人たちがいて、柔軟で創造的な対応を心がければ、最後にはうまくいきます。

ダニエル　その話には勇気づけられますね。健常者でさえ旅行や移動をするとき、とりわけ飛行機に乗るときにはとても不安になりますから。大切なのはあなたの考えかた、これまでずっとしてきた考えかたなんですね。障害があっても妨げられない、問題が起きても解決できるという考えかたなんですね。

ケヴァン　ええ、そうですね。それに、仲間たちの考えかたも同じように重要でした。わたしにできるのはただ夢を見て、構想を投げかけ、ほかの人たちを励ますことだけですが、仲間たちがそれを実現してくれます。だから彼らも同じように大切なんです。お決まりの笑い話があるんです。「こんなことをするなんてきみは勇敢だね」。わたしはこう答える。「実際にやっているのはきみたちだよ」

ダニエル　旅によって人間としてどう変わってきたかを教えてください。あなたはこれまで、とても劇的な人生を送ってきました。外国を旅行したことで、自分自身や世界について気づきはありましたか？

ケヴァン　ええと、それについて答えるまえに、この一年やってきた二度目の旅行についてつけ加えます。九月には、中国へ行きました。ショー・ホープという孤児たちを支援する非営利組織と一緒に。

ダニエル　ショー・ホープとは、同じ建物で働いていたことがあります。

ケヴァン　そうですか。前回の旅は、自分たちだけで、何から何までやって冒険をしよう、という考えだったんですが、今回は子供たちや施設のスタッフと一緒に過ごし、彼らを励ますことが目的でした。だからよりミッションに基づいた旅でした。

ダニエル　目的がちがったということですね。

ケヴァン　そう。ある意味で自分たちから意識を逸《そ》らすためにやったんです。それで、旅行によってどう変わったかという質問に答えると、とても多くの点で変わりましたね。ひとつには、おそらく多くの人の答えと同じではないかと思いますが、世界を見たことで、自分が本当にそこに行けるんだ、と気づいたんです。傲慢な意味ではなくて。わたしはアイルランドや中国へ行きました。どこかへ行きたいと思ったら、今日や明日ではなくても、いつか行くことができる、それは可能だと思うようになったんです。

ダニエル　ええ。

ケヴァン　そのことを人に話してみたら、「じゃあ、つぎはどこへ行きたいですか」と聞かれました。そのときは、ありきたりな答えを返しました。ところが考えてみると、歴史的な場所に行ったり、自然の驚異を経験したいとは思うものの、本当にどうしても行きたいと思う場所はなかったんです。それよりむしろ、人と一緒にいたいと思ったんです。あちこちに散らばった、一緒に過ごしたいと思う人々と。さまざまな場所で会った人々、子供のころに一緒だったけれど引っ越してしまった人々。たぶん旅は、自分の優先順位をはっきりさせてくれるんでしょう。

ダニエル　もう少し話してください。

ケヴァン　これはよく考えて話したいですね。友人たちと一緒に、とてつもない冒険や大がかりなことをしたいという気持ちもある。でも同時に、旅をしたことで、できるだけスリルを追い求めたいという気持ちがどこかへ行ってしまったんです。旅によって、自分にとって最も親しい人々と一緒にいることに満足する気持ちが芽生えてきたんです。旅をし、世界を見たことで、すれちがった人、同じ列車ですわっていたすべての人にもそれぞれの人生があり、わたしはそれについて何も知らないということに気づきました。彼らもまた何かを考えていて、それぞれの関係のなかで生きています。それがある意味、自分自身の関係の大切さに気づかせてくれたんです。

ダニエル　まさにそのとおりですね。いままでに人からそうした考えを聞いたことはありませんが、わたしも家に帰ると同じように感じます。自分が持っているものや、まわりの人々への感謝の気持ちが浮かんできます。正直なところ、そう考えて満足を覚えるんです。

ケヴァン　ええ、そうですね。それに一緒に旅行した仲間たちもいます。ひとり旅が好きな人もいることは知っていますが、仲間との旅によって、ほかの誰とも共有できない経験を共有することができます。それに、いまこうして一緒にお話ししていると、口にしようとしまいと、ある種のつながりが生まれます。旅はこうして、人との関係を変えてくれるんです。

ダニエル　まったく同感です。つぎはみなさんにお尋ねしていて、軽い答えや笑ってしまう、あるいは怖くなってしまうような答え、そのすべてが混ざった答えをいただいている質問です。これまでの旅で、ひどい目に遭った経験を教えてください。

ケヴァン　いくつかありますが、どれがいいかな。ヨーロッパでは、たびたび道に迷いました。ちゃんと道がわかっているつもりで行動しているのに、予想外のことが起こるんです。パリを出発する日、英仏海峡トンネルを通ることにしました。切符は買ってありました。まえの晩に、警察官に確認もしていた。切符を見せて、「これでいいですか。これで目的地へ行けますか？」と尋ねたんです。だからすべてわかっているつもりでした。

　つぎの朝起きたとき、荷造りは済んでいて時間もあったので、何も問題なさそうでした。駅に着くと、仲間のひとりが切符を見て、掲示板を見上げて言いました。「みんな、どうやら間違った駅に来てしまったらしい」。あと三〇分ほどで、街のなかを移動しなければなりませんでした。地下鉄から地下鉄へ、つぎはどこへ行くのか、どうすればいいかを考えながら走って乗り継ぎました。仲間のひとりは切符が地下鉄の改札で引っかかり、はぐれてしまいました。改札機が故障していたんです。それから、カメラマンのひとりが電車に乗ったとき、ほかの仲間たちが乗るまえにドアが閉まってしまいました。そうした問題がつぎつぎに起きましたが、どうにか正しい駅の改札にたどり着くことができました。ところが駅員に、「乗車はできません。出入国審査は終わっています」と言われてしまって。たまたま、イギリスのEU離脱が発表された週でした。それで審査が見直されていたんです。

　わたしたちはそこに立って、切符はかなり高額だし、どうしようかと話しあいました。わたしとふたりが切符売り場に行って駅員に話すと、払い戻しはできないからつぎの列車の切符を買い直すようにと言われました。でもそこで諦めず、間違った駅に行ってしまったことを伝え、どうにかならないかと駅員に食いさがりました。すると駅員は仲間たちを見て、わたしを見てから、上司に電話で何かフランス語で相談しました。電話を切ると彼は、「つぎの列車に切符を交換します」と言いました。わたしたちは「ありがとうございます！」と感謝して、つぎの列車に乗りました。そんなことがあったとはいえ、飛行機や列車に乗り遅れそうになって駅のなかを疾走するというのは、映画の一場面のようだった。爽快でしたね。仲間たちはわたしを背におぶって走ったんです。走ったのは、あれが人生ではじめてでした。

ダニエル　それはすごい。そのときの動画はどうなっていますか？

ケヴァン　三〇分のドキュメンタリーになりました。ちょうどアマゾンに提出したところなので、あと数日でアップされるでしょう。

ダニエル　すばらしいですね。読者がアマゾンで探せるように、タイトルを教えてください。

ケヴァン　ええ。『The View from Here／ここからの眺め』です。この本が出るころにはアマゾンで観られるはずです。

ダニエル　それはすごい。あなたは制作責任者なんですか、つまり監督と編集を両方しているんですか？　それとも主役として出演しているんですか？

ケヴァン　制作責任者として、すべてに関わっています。でも実際に撮影や監督、編集をしてくれたのはノースカロライナ州の友人です。彼とはほかのプロジェクトも一緒にやっています。だから旅をしようと決めたとき、まず彼に電話して、「これは、ぼくたちの実力の証明になる。きみの構成力を信頼しているよ」と言いました。旅から帰ってくると、彼はすべての映像を確認しました――たしかデータ量は九テラバイト。そして、その作業中に、わたしは旅行記の原稿を書いて渡しました。彼はそれを蛍光マーカーを持って読みとおし、ドキュメンタリーに使いたい部分をチェックして、その部分の映像を探しだして、三〇分の作品に仕上げました。ナレーションはすべて本からの読み上げです。映像と一緒に読むのにも適しています。

読者へ　本のタイトルは『We Carry Kevan: Six Friends. Three Countries. No Wheelchair.／ぼくたちはケヴァンを運ぶ　六人組が三つの国へ、車椅子なしで』です。

ダニエル　いいですね。すごいです。お話の時間をありがとうございます。何かつけ加えたいことはありますか？　あとでこの対談のデータをお送りします。

ケヴァン　ありがとうございます。あと、障害者という視点からつけ加えるとしたら、旅先で人々と話をすると、「あなたは障害があるのになぜこんなことができるのか」と聞かれます。さまざまな障害を持った人と会いますが、彼らにも旅をしたいという願いがあります。それで、わたしが実践しているのは、赤ん坊のような考え方です。暖かい日には、自分で街まで、三キロくらい車椅子で歩いてみる。そこから、もし自分でそれだけ歩けるなら……と考えていく。

ダニエル　それはずいぶん歩きましたね。なかなか三キロも歩く人はいませんよ。

ケヴァン　ええ。そのとき、障害があってもこれだけできるなら、友人たちと一緒に、飛行機で何百マイルもの遠くまで行けるだろう、と思ったんです。それは規模の問題です。もし小さなことができるなら、もっと大きなこともできるかもしれないんです。障害のある人から、必要なサプリメントや医療器具、運動用具をどうやって運ぶのかと尋ねられることもあります。でも大事なことは、人はいつも自分の人生をどうやって生きているということ。必要なものは持っていけばいい。それにわたしは、はじめての場所へ行くことは誰にとっても重要なことだと思います。必要なものについても考え直すことができます。わたしはありがたいことに、旅によって、自分には何が必要なのかがわかりました。それに、自分の障害のために何が必要なのかも。たぶん、快適さへの感覚も、必要なものに関する考えも変わるでしょう。

　つまり、たとえば今朝わたしは今週の旅行の荷造りをしましたが、基本的に服を全部入れただけです。それはたくさんの服が必要だからではなく、それほど服を持っていないからです。そうすると、旅先での暮らしは日常生活と変わらなくなります。医療に関わるものについても同じことが言えます。「旅行中はこの医療機器は要らないな」とか「車椅子のこの機能はいらない」とか「特別なベッドはいらない。ふた晩くらいならソファに眠ればいい」ということに気づきます。それで変更します。問題はありませんね。

ダニエル　適応というのはそういうものですよね。
ケヴァン　ええ、まさにそうです。ちょっとした旅行はそれにぴったりです。
ダニエル　すごいですね。それは誰もがしなければならないことですよ。多くの人は重い荷物を引きずって地球上を移動しています。そして旅先で、その半分も使わなかったことに気づく。
ケヴァン　そう、そのとおり。最初はかなり怖いんです。わたしはありがたいことに、あまりたくさんの医療関係のものは必要ではありません。でも、その数少ないなかの車椅子を三週間も家に置いて出かけました。
ダニエル　ええ、あなたのおもな移動手段なのに。
ケヴァン　それによって、車椅子は役に立つけれど、絶対に必要なものではないということがよくわかりました。そして支えてくれる人々への信頼が高まりました。多くの人との関係を豊かにしてくれました。
ダニエル　それはすばらしい。ケヴァン、ありがとうございました。あなたとお知りあいになれてよかったです。こちらに来たときはぜひまたお会いしましょう。
ケヴァン　ええ、ありがとうございます。

アニサ・カマドリ・コスタ

アニサ・カマドリ・コスタは持続可能性《サステナビリティ》の責任者、慈善事業の専門家で、企業間の提携にも関わっている。彼女はティファニー財団の会長兼社長であり、ティファニー・アンド・カンパニーのチーフ・サステナビリティ・オフィサー〔CSO〕でもある。このふたつの異なる、だが相互に関わる役割は、ティファニーの長期にわたる環境や社会的責任への取り組みを表している。CSOとして、アニサはティファニーのグローバル・サステナビリティ・プログラムの指揮や、世界的な企業基準の改善、環境への影響の最小化、そして世界中の非営利、営利団体との提携の推進を行っている。ティファニー財団では、廃鉱山の再開拓支援や珊瑚の保存に関わる助成金提供を進めている。

ダニエル・ホートン　アニサ、お時間をいただきましてありがとうございます。あなたのこれまでの旅行について最初から教えてください。

アニサ・カマドリ・コスタ　両親のおかげで、旅はわたしのなかにずっと根を下ろしているように感じています。両親はインドからニューヨークへ来ました。父は奨学金を得てコーネル大学の大学院に入りました。とても昔のことで、船でアメリカに渡りました。イギリス統治下のインドで育った子供のころはイギリスがとても好きだったそうです。そして人づてに聞いたことから、アメリカも好きでした。そこで大学院に応募して入学し、こちらで母と知りあいました。

両親がアメリカに来るまでの話をしたのは、旅があまり頻繁ではなかった時代に、両親から訪れた国々についていつも話を聞いていたからです。そのため子供のころから、ニューヨークやアメリカよりもはるかに広い世界のことを意識して育ちました。

子供のころには父の仕事の関係で、アメリカのほとんどの州に旅しました。そのこともわたしにとって大きな経験でした。わたしは生まれつきのグローバリストで、休暇の目的地はいつもアメリカ国外にしています。ところが、あまり長い時間が取れないこともあります。モンタナ州やユタ州など、普段仕事では行かないような場所を訪れると、わたしたちは恵まれているということを思いだします。アメリカも含めて世界には、とてもたくさんの驚異的で特別な美しい場所があるからです。

子供のころには、アメリカの数多くの場所を見て育ったほか、インドをはじめ、海外への旅もしました。寄宿学校でも旅行をしました。なかでもいちばん記憶に残っているのがスペイン旅行です。おそらく友人たちとしたはじめての旅で、冒険や、他国の文化を学ぶ興奮を味わわせてくれました。

ダニエル　あなたのキャリアについて、そして旅からどのような影響を受けたかを教えてください。旅はあなたの人生の案内役のように思えます。

アニサ　ええ、いつも旅に導かれて関心を広げてきました。わたしは国際連合アメリカ合衆国政府代表部で働いていていました。

そのなかで、地域の文化やコミュニティについて知ることが自分にとって重要だと気づきました。それは国連で働いていたころに培われたものですが、それ以前に、ロックフェラー家の私的な財団であるロックフェラー兄弟財団にいたときにすでに感じていました。仕事で各地を飛びまわっている大勢の人に憧れました。とりわけ感謝しているのは、窓のない会議室で表計算ソフトを使って仕事するのではなく、仕事でさまざまな場所へ行き、世界中の人々と積極的に関わり、社会や環境に関する問題に取り組めたことです。

それからその縁で、ティファニー財団を設立したばかりだった、当時のティファニーの会長兼CEOに出会い、入社しました。財団はまだ法的な枠組みしかない状態で、慈善事業の専門家が加わり、財団を一から立ちあげる必要がありました。そこからまたさまざまなことへとつながり、リチャード・ブランソンと一緒に働いたり、たくさんのすばらしい経験をしてきました。

ダニエル　ティファニーは、世界でアップルについで売り場面積当たりの売上高が大きい会社です。そうした会社に入って、どんなことを感じましたか？　それほど確立された企業でどのように仕事を軌道に乗せたんですか？

アニサ　自分の小ささを感じさせられましたね。でもそれは、いい意味で重みを感じられる経験ですよね。そこはティファニーであり、世界的に知られ、尊敬されているブランドです。それほどの信頼を勝ちえているブランドはほかにあまりありません。

取締役会やCEO、それに重役たちとともに働くのはとても光栄なことです。そのなかで長期的な慈善事業の戦略に携わり、実際にわが社の社会貢献活動を真のグローバルなサステナビリティ・プログラムへと発展させました。そしていまでは、目的を成し遂げることを目指すパーパス・ドリブンな企業への道を探っています。

一八二年もの歴史を持つアメリカ企業で働けるというのは、とても意味のあることです。何をし、どこで投資をしても、理念の上でも企業としてもとても多くの責任が伴います。わが社はブランドや発信力を責任を持って用い、課題への取り組みを推進しています。わたしたちが明らかなアメリカ企業、アメリカのラグジュアリー・ブランドであるのはいいことです。そうした企業はあまりありません。わが社はとてもグローバルに展開しているので、ミラノの店舗に行っても、そこはティファニーの店だと感じられます。でも同時に、その土地の店だとも感じられます。わたしたちはグローバルとローカルのバランスを取ろうとしています。それはとても重要なことだと思います。

ダニエル　わたしは楽天主義者なので、多くの企業は、とくに巨大なグローバル企業は正しいことをしようとしていると考えています。そして適切な社会貢献活動をしているか、そうすべきだと考えてそれを目指していると思っています。他社の経営者や、あなたと同じような役割を担っている人々にどんなアドバイスをされますか？

アニサ　協力することの力を伝えたいです。それもまた旅をすることとつながっています。どんな分野の、どんな問題に情熱を抱いている個人とも組織とも協力しあうことができます。それどころか、気候であれ多様性であれ、そのほかどんな問題であれ、適切なタイミングで効果をもたらすには、協力は不可欠です。

現在ではこれまで以上に、企業のなかでのサステナビリティの役割は大きくなっています。また、よい社会的変化を生むために企業がもたらす力への理解は高まっています。そのため、企業の責任ははるかに大きくなっていると考えています。

わたしたちの世界はつながっていますから、自社のことだけを考えているわけにはいきません。そのためには、環境と人間を分けて考えないことです。同様に、企業と政府も分けられません。率直に言って、社会が直面している大問題を解決するには、すべての人が役割を果たす必要があります。そして、〝他者〟と関わることではじめて、実は〝他〟の者などはいない、全員で力を合わせるべき多数の人々がいるだけだと気づきます。

ダニエル　そのとおりですね。

アニサ　あらかじめ送っていただいた質問のリストにあったかどうかわかりませんが、わたしは長年のあいだに自分の旅行スタイルが変化してきたことに興味があります。若いころは、ほとんど考えもせずに旅行をしていました。

　最近になって気づいたんですが、仕事で旅しているときに迷うことを、大変なことだと思う必要はありません。公共交通機関を使うのは環境にやさしいだけでなく、現地の人であれほかの旅行者であれ、人と会って話をするいい機会になります。人は気づかないうちに自分を孤立させてしまうことがあるので、わたしはそうした状況を変えようとしてきました。

　家族と、あるいはひとりで旅をしているときは、仕事のときにいつも利用するホテルとは別のところに泊まります。以前はずっと同じホテルにしていたんですが、そうしたことをもっと考え、意識するようになりました。

ダニエル　とてもよくわかります。わたしは以前、一年の三分の二は家におらず、たいていの場合は一か所の旅先に一日か二日しかいませんでした。自分が何をしているのか忘れてしまい、ビジネスの会合に到着したときや飛行機に乗ろうとしたときに、わけがわからなくなっていました。たとえ何度も行ったことのある場所でも、あてもなく歩いてその土地をたしかめてみることは重要ですね。

アニサ　最近、出席していた会合で誰かが発言していたのですが、記憶を作る、とくに長期的な記憶を作るためには、状況の導くままに場所を見てまわることだそうです。歩いて、道に迷え、と。

ダニエル　さて、では少し話題を変えて、若い人を指導したり、会話したりした経験については存じませんが、もし「旅がすばらしいことはわかりますが、わたしは自分のいる場所に満足しているし、旅を続ける理由が理解できません」と言う人がいたら、なんと答えますか？

アニサ　自分の故郷や国を離れたいという欲求をあまり感じない理由は、国内で豊かな経験ができるからだと思います。それはまさにそのとおりです。でも世界的な規模で、さまざまな国や地域で経験をすることで、それはさらに豊かになるということを想像してほしい。ときどき思うんですが、アメリカ人はさまざまなものを取りいれます。たとえばインド料理がありますす。もちろんそれはインド料理です。でもインドや中国では、数多くの特別な料理や地域ごとの特色があって、現地に足を運ばないとそれを食べる機会はないんです。

だから、人々に会い、場所や空間の美しさを自分の目で見ましょう。歴史的な建造物や自然の美はさまざまな国にあります。わたしたちはそれを当然のように思っているのではないでしょうか。わたしは北極圏の、アラスカ州のブリストル湾に行けたのはとても幸運だったと思っています。それぞれの場所に、それぞれの美しさがあります。地域の文化が、地形や気候の影響を受けていることや、地形や気候は祭りや食べ物と関連していて、観光の呼び物となっていることを知るのはとても面白い。わたしはいつも、自分がどこかへ行きたいと思っても、そのすべてに行くことはできないという心配をしているんです。

ダニエル　旅に出なければ！

アニサ　ええ、そうですよ。それに、自分がもう一度訪れたい場所や、子供たちを連れていきたい場所もそれ加わります。わたしはいつもカレンダーを眺めて、どこかに予定を入れられる時間はないか探しています。場所だけでなく、誰と、というのも大切です。ひとり旅もとても価値がありますが、家族で旅行したり、友人たちと彼らの国で会ったり、現地で誰かの家族に会う約束をする計画を立てるのもいいことです。人々と会い、さまざまな関係を結ぶことで、旅は特別なものになります。

ダニエル　外国に住んでいる人と実際に会い、彼らと一緒に過ごすのはいつもすばらしいことです。Airbnb［エアビーアンドビー］に泊まり、その国の生活を真似るのと、外国で友人たちと時間を過ごし、買い物や子供の送迎などの用事をして普通の生活を味わうのは別のことですね。

子供たちとの旅行でいちばんの思い出を教えてください。まっさきに思い浮かぶのはなんですか？　子供たちが歓声を上げていたから、ディズニーワールドという答えでもかまいません。あなたと家族にとって最も特別な旅はどれですか？

アニサ　子供たちが四歳と五歳のときにインドから養子として迎えたんですが、その手続きが長くかかったので、インドのホテルに長期滞在しました。そこにはプールがあり、食事はビュッフェで、子供たちは幼かったのでとても気に入っていました。そして現在に至るまで、二年に一度インドに戻るときは子供たちに「いちばん好きなのはどこ？」と聞くんですが、答えは必ずプールとビュッフェです。冗談みたいですよね。だって、旅行の注意点としてたったいまお話ししたのと、まるで正反対のことですから。

ダニエル　お子さんの視点から考えると、そのホテルはあなたがたがはじめて家族になった場所のひとつと言えるのかもしれませんね。

アニサ　まさにそうです。それに、まるで天国のようなところでした。プールとビュッフェはそれほど強い影響を及ぼしたとは思えないかもしれませんが、実際にホテルのテーブルで一緒に食事をしたのは――しかもそれが三か月続いたので、とても長い時間でした。それまで子供たちは愛はあっても、あまり秩序のない場所で育っていました。だからもっと静かで落ち着いたプールのまわりで家族の時間を過ごしたことはとても貴重でした（子供たちはもちろん、ディズニーランドも大好きです）。

ダニエル　失敗した旅行の話を聞かせていただけますか？

アニサ　大学院時代に、友人とメキシコへ旅行しました。九〇年代後半のことで、インターネットはありましたが、いまほど発達していませんでした。最初の晩の宿を探していて、友人が一軒見つけたんですが、ちょっと泊まるには心もとないところでした。そこに着くと、荷物を置いて外出しました。そのあいだに誰かが侵入して、革のジャケットなど、友人の持ち物を盗みました。部屋に戻って、なくなっているものに気づいたので、ロビーに下りていったら、そこに彼女のジャケットを着ている男がいたんです。まったく理解不能です――たったいま盗んだばかりのジャケットを着ているんですから――でもとにかく、ジャケットと持ち物を取りもどしました。

ダニエル　はじめから苛酷な旅になりましたね。

アニサ　若くて、楽天的だったおかげで、旅が台無しになったりはしませんでした。わたしたちはまた旅をすることで、その晩の記憶を消そうとしました。旅のあいだには必ず何かが起こりますが、それは細かいことまですべて計画せずに出かける旅にはつきものです。でもだからこそ、ありきたりでない思い出ができ、面白い経験ができるんです。

ダニエル　旅によって、ひとりの人間としてどう変わりましたか？

アニサ　わたしの答えは当たりまえのように思われるかもしれませんが、過小評価してはいけません。それは自分とは異なる考えかたや文化を正しく理解して評価できるようになったということです。人と環境は絡まりあっています。わたしたちの判断はドミノのように連鎖します。もしわたしたちがより深いレベルで話し、理解しあえば、もっと大きな協力が生まれ、たくさんのことが成し遂げられます。このことを理解すべきだと思います。そして旅は、それを可能にしてくれます。

ダニエル　今後もご活躍をお祈りしています。そしてお子さんたちをあちこち連れていってあげてください。

アニサ　もちろんです！

Ⅷ

精神を広げる

旅はあなたを変える

人は成長するにつれ、行動規範を身につける。育ったのがアメリカの中西部でも、東京の真ん中でも、それは変わりない。わたしたちが人生の経験によって身につけた信念の組みあわせが、個人としての人を形作る。あなたの信じていることがあなたの行動や決断、他者との関係のしかたを決める。

旅は、自分の精神を広げるためにできる最大の行動だ。自分のコンフォート・ゾーンの外に出れば、どうしてもほかの生きかたを観察し、知らざるをえなくなる。これは海を渡って外国を訪れる場合でも、ほかの地域へ出向いてディナーに参加するだけでも変わらない。たいてい、そうした変化は無意識のうちに起こる。数週間経ってから、物事をそれまでとはちがった目で見ていると気づくこともある。だが、どんな信念を抱えているにせよ、旅はきっとそれを押し広げてくれる。

旅は、長い時間のなかで、人のすべてを変えていく——食べ物や服の好みから、好きなアート、消費者としての選択まで。旅は人を写真家に、ジャーナリストに、そしてバーに入って見知らぬ人と会話するプロに変える——いつもはどれほど内向的でも。

旅は人をよい聞き手にし、友人や家族、そしてあまり好きではない人への共感を増す。そしてディナー・パーティで使える一生分の話題を与えてくれる。しかも、みなそれを喜んで聞いてくれる。

とりわけすばらしいのは、旅は広い視野で眺めることを教えてくれるという点だ。日々の生活で直面する困難は、思っていたよりも危機的でも大したことでもないのだとわかる。もし仕事を失い、何もかもうまくいかないなら、別の大陸に行ってやり直したっていい。

旅先で出会った人があなたを訪れることもあるだろう。外国の友人を作ることのいちばんの利点は、いつか恩を返せるということだ。

最も重要なのは、旅先での変化を経たあとで、自分がどのように育ったかを思いだし、その経験を利用して世界をよりよく変えるにはどうしたらいいか考えてみることだ。

チェイス・ジャービス

チェイスは創造性に関する本を書いている［『クリエイティブ・コーリング　創造力を呼び出す習慣』多賀谷正子訳、CCCメディアハウス刊］。写真家であり、アップルやナイキ、ザ・ノース・フェイスの広告用写真を撮影している。また世界最大の創造的学習のプラットフォーム、クリエイティブ・ライブの創設者でCEOだ。

チェイスはわたしの大学時代の憧れで、二〇一一年にスチルカメラを使って動画を制作する授業に参加している。チェイスは頻繁に海外旅行をする家庭に育った。それが彼の人生を変え、今日の彼を形作っている。

ダニエル・ホートン　この本ではまだ、あなたのように写真家、創作者としての仕事をしている人の考えを聞いていませんでした。現在の活動を少し話していただけますか？　それから、子供のころ旅をしていたかどうかを聞かせてください。旅は生活の一部でしたか？

チェイス・ジャービス　子供のころは中流の家庭で育ちました。母の仕事は秘書で、わたしはひとりっ子でした。家族は固い絆で結ばれていました。わたしが一一歳か一二歳のころから、あまり金銭的余裕はなかったけれど、毎年一度ヨーロッパ旅行をしていました。家では気温15℃でも暖房をつけず、スウェットを二枚着るような暮らしで。母はとても倹約していたんですが、そんななかでもヨーロッパへ行っていました。それがわたしを大きく変えてくれました。それが可能だったもうひとつの理由は、父がコンサートやスポーツイベントに関わる仕事をしていて、その報酬に飛行機のチケットをもらっていたからです。父は二五年警察官をしていました。それでさまざまな人とつきあいがあり、間接的にですがスポーツのスター選手とも知りあいになりました。

父は地元のサッカーチームの選手と友人でした。その多くはヨーロッパ人、とくにイギリス人でした。たしかチケットは家族で数百ドルくらいだったんですが、向こうに着くと、海外のチームや一流クラブでプレーしている選手が空港まで迎えに来てくれました。そうやって、郊外で暮らす子供だったわたしは、パンクが流行していたイギリスに行くことができたんです。それによって小さな白人の中流郊外生活から外へ出ることができた。

ダニエル　ご家族がそうした娯楽や旅行に予算を割いてくれたのは、とても幸運なことでしたね。

チェイス　はい。それがわたしに世界の広さを教え、自分とは異なる文化と交流したいという気持ちにさせてくれました。それに、学校を出たときに旅をすることを含む仕事をしようと思ったのもそのためです。当時、大学卒業の一週間前に、写真がとても好きだった祖父が心臓発作で急死しました。まったく予想もしなかったことでした。

悲しみのなかで唯一の希望は、カメラを遺してくれたことでした。そこからすべてが始まりました。遺産とそのカメラで、わたしはバックパックを背負って旅に出て、写真を学ぶことにしました。当時のガールフレンドでいまは妻のケイトと、ヨーロッパを放浪しました。そうしたこと、それにとりわけパリやバルセロナ、ローマ、ワルシャワ、ブダペストといった都市をまわったことが化学反応を起こしました。都市のポップカルチャーと冒険の旅――それが写真家としてわたしが作りあげた生活です。アクションスポーツが主流になったとき、わたしも自分のブランドや写真家としての仕事で地位を築きました。かつてはウイスキーの製造会社の写真を一枚五〇〇ドルで撮っていましたが、その五年後には一枚二五〇〇ドルになりました。代理店が変わったからです。小さな会社から、もう少し大きな企業に。

ダニエル　そうしたキャンペーンなどで撮影のために訪れたなかで好きな場所をいくつか教えてください。仕事で訪れた場所で興味深かったのはどこでしたか？

チェイス　わたしの仕事には、世界中のすばらしい場所へ調査のため旅行することも含まれています。とくに広告写真の撮影では、人の願望を駆りたてるような画像を撮ることが大切なので。また写真家として、大企業の広告を指揮する立場として、ありきたりでない冒険を発見し、カメラに収めることで、デスクで仕事をしている人々を奔放な想像へと駆りたてることがわたしの仕事です。そのために六、七か所で撮影をする場合もあります。アフリカの最高峰やアラスカ、あるいは想像すらできない場所で。あるシューズメーカーのキャンペーンでオリンピックの聖火リレーのルート一一か所を訪れたことがあります。飛行機で現地に入り、聖火の到着を撮り、また飛行機に乗ってつぎの国へ移動しました。一七日間で世界を一周しました。ほかにもまだまだあります。予算無制限でどこへでも行ける場合もあります。

どこか、たとえばニュージーランドへ行き、海岸や都市、そのあらゆることを経験します。最高の料理や歴史、そして先住民族の文化など。そうした旅や、そこでの撮影、それをシェアすること、世界中のものを持ち帰ること、そして自分が見つけたものを世界中の人々と分けあうこと……そうしたことがわたし個人に及ぼした影響は、大きすぎてとても測ることはできません。写真家としてそういう経験をしているからこそ、わたしはほかの人々に対して、最高に大胆な目標を追い求めるように言いたいのです。ガールフレンドと旅行をしていたら、ヨーロッパで撮った写真が売れるようになったんです。「これで生活できるかもしれない」と思いましたね。そしてわたしにできるなら、それは誰にでもできることだと思うんです。

ダニエル　行ってみたら想像とちがったという場所について教えてください。そんな経験はありましたか？

チェイス　ええ、たくさん。まず思いだすのはアフリカです。とにかく広大でした。ケープタウンではその歴史や人種差別を経験し、そうした文化のなかに身を浸し、たとえ短期間でも生活することで、わたしは変わりました――人はみな同じなのだと知ることができました。人がさまざまなものに与える意味も、道具や言語も異なっていても、中心となる部分、母の子供への愛や家族への思いは同じ――それは普遍的なものです。アフリカはとくにそれがはっきりしています。南米も同様です。わたしは南半球で多くの時間を過ごしました。先住民族の文化は、はじめは言語や文化、食べ物の違いに戸惑いますが、彼らとともに過ごしていると、その美しさ、人のつながりの温かさがわかってきます。わたしはそれこそ写真の長所だと思うんです。世界には七一〇六の言語があります。つまり七一〇六通りの「愛している」があり、「ごめんなさい」があり「結婚してください」、そのほか伝えるべきあらゆる言葉がある。それでも、写真を見せれば――たとえば母と生まれたばかりの赤ん坊の写真を見せれば、どの文化に暮らす人でも直感的に、すぐにそれを理解できる。写真にはそうした普遍性があります。それは人種、宗教、性別、立場、文化、さらには時間さえも超える。こうした普遍的なものに触れられるのはありがたいことです。

ダニエル　広く受けいれられますね。

チェイス　ええ。あなたが書いているこの本に関して、わたしがお伝えできる最も強い見解はそれです。一台のカメラで撮られ、一枚の紙に印刷された写真は、それが編集され公表されたものであってもそうでなくても、人々を強く結びつけます。なぜならそれは、その場所で自分の目で見ていない人に物語を伝えることができるからです。

ダニエル　ええ。まったくです。すばらしいです。わたしはフォトジャーナリスト時代にいつも、外国で一緒に過ごした人々と連絡を取り、写真を送っていました。忘れずに一枚の写真をメールで送っただけで、一〇通もの返信をもらったことは数えきれないほどあります。世界中に、そこへ行けば泊めてもらえる場所がたくさんありますが、わたしがしたことと言えば、その人たちの家族の写真を撮ったことくらいです。

チェイス　ええ、それに尽きますね。いまはさらに人に受けいれてもらえるようになりました。二〇年前はポジフィルムで撮り、街で現像しなければなりませんでした。でもいまでは、すぐに画像をシェアし、人とつながれるようになりました。時代は変わりましたね。

すばらしい話題があります。メディアは世界を暴力的で恐ろしい、分断された場所として報道していますが、事実を見れば、殺人発生率や幼児の死亡率といった数字は、宇宙の歴史が始まって以来最も改善されています。この一〇年で、とても多くの人が貧困を脱し、きれいな飲み水を手に入れられるようになっているんです。

ダニエル　信じられないことですね。

チェイス　そして、そうしたことに光を当てる媒体があることはよいことでしょう。それは写真でも、言葉でもできる。わたしはそれを義務だと思っているんです。わたしたちは物語を伝えなくてはなりません。

ヌー・サロ＝ウィワ

ヌー・サロ＝ウィワは作家、フリーランスのジャーナリスト、そしてコンデナスト・トラベラー誌が選ぶ〝世界で最も影響力を持つ女性旅行家〟のひとりだ。最初の著書、『Looking for Transwonderland: Travels in Nigeria／おとぎの国を超えて　ナイジェリアの旅』は二〇一二年にソフトスカル社から発売されている。

ＢＢＣラジオ４の今週の一冊に選ばれ、サンデータイムズのトラベルブック・オブ・ザ・イヤーなど数々の賞を得ている。

ヌー・サロ＝ウィワ　こんにちは。

ダニエル・ホートン　こんにちは。週末にこうした時間を取っていただきありがとうございます。今回ご連絡してから気づいたんですが、ロンリープラネットのガイドブックに執筆されたことがあるんですね。

ヌー　ええ。二〇〇三年版に。

ダニエル　では、旅の話をしましょう！

ヌー　わたしはナイジェリアで生まれて、イギリスで育ちました。大学を卒業したとき、ガイドブックを持ってはじめて旅行をしました。行き先はギニア。その旅がわたしに大きな影響を与えました。そのときはじめて、ひとりでバックパックを背負ってアフリカを旅したんです。あれがなければ、本を書くこともなかったでしょう。それからABCニュースのロンドン支社に番組制作のアシスタントとして入って。その後、コロンビア大学で一年間ジャーナリズムを学びました。そのときに、自分がなりたいのはニュース番組のリポーターではないと気づいたんです。ずっとそれを目標にしていたんだけど。

ダニエル　わたしもそうでした。

ヌー　本当にやりたいのは物語を書くことだって。でも本や物語はすぐに大々的に売れるわけではない。それでお金を貯めるためにもう一年ABCで働いて、それから南アフリカへ行って最初の本になるはずだった原稿を書きました。結局出版契約には至らなかったけれど、とても大きな経験になりました。その後ロンリープラネットの仕事をして、マダガスカル、ガーナ、トーゴ、ベナンなどアフリカの五カ国に行きました。それから、出版されたものとしては第一作となる『Looking for Transwonderland: Travels in Nigeria』を書きました。

父は人権活動家で環境活動家でした。九〇年代半ばに軍事独裁政権によって殺されました。そのため、それ以降はナイジェリアに戻らない時期がありました。そして、国への憎しみをやわらげ、父の記憶と切り離すために旅をすることが個人的な課題になった。

ダニエル　その後帰国し、なんらかの役割を担うことがあると思っていましたか？　それは計画されていたことですか？　あるいは書くことが扉を開いたのでしょうか？

ヌー　ええ。ロンリープラネットの仕事をしていたとき、ナイジェリアの記事を書くように言われたこともあったけれど、ナイジェリアには行きたくないと断っていました。でも南アフリカに一年滞在して最初の本を書いたときに考えが変わった。それに、南アフリカはナイジェリアとはまるで異質なんです。カリフォルニアにいるみたいでした。

ダニエル　そうですね。南アフリカで少し滞在して、セネガルに立ち寄ったことがあります。でもそれ以外は、アフリカにはあまり行ったことがありません。ただ、いくつものちがう大陸を訪れるようなものらしいですね。

ヌー　そのとおり。わたしは西アフリカのすべての国を訪れたので、ナイジェリアを旅したらどうなるかを感じることができました。でもそれは、わたしがガーナやほかの国を訪れたように、旅人なら誰でもできることです。そして、本の材料にするのだと思うと、つらい気持ちを扱うことが容易になりました。

ダニエル　著書はたくさんの称賛を集めましたね。そして、多くの人が、あの本で目を開かれたといって連絡をしてきたとか。それは予想できましたか、それとも驚きでしたか？

ヌー　わたしにとって、書くことは自分の経験を共有すること。そして読者には、自分と同じようにその経験に反応してほしい。わたしにとって、旅行記を書くことは、新しい経験をして、その興奮をほかの人と分かちあうことなんです。

ダニエル　それができる力があると自覚するのは楽しいことでしょうね。あなたは中国に興味があるそうですね。これまでに訪れたほかの場所について教えてください。お気に入りの場所はどこですか、そしてそれはなぜですか？

ヌー　国はどこもそれぞれ異なっています。あらゆる面で満足できる国はあまりありませんでした。でも二〇一七年に新聞に滞在記を書くためにウズベキスタンを訪れたんですが、圧倒されました。あんな場所には行ったことがありませんでした。

ダニエル　ウズベキスタンはどんな国だと思いますか？

ヌー　外見だけの判断だけれど、それでも人々の様子や、旅行者にとっての魅力は何かということはわかります。あまり時間がなかったので、いたのは八日間だけ。でも、その場所についてどれだけ本を読み、映像を見ても、実際の経験には及ばない。人々の顔はとても美しく、ペルシャ人と中国人とロシア人が混じっていました。たくさんの人々やペルシャ建築の写真を撮りました。モスクのそばに立っていると――本当に言葉では言い表せないですね。とにかくそこに行って見る必要があります。それに、人々はとても親切でした。とくにアフリカ人は、外国での人の態度には不安になるものですが、嬉しい驚きでした。ロックスターのような扱いをされたんです。驚きましたよ。

ダニエル　ほう。

ヌー　どこへ行ってもみな笑顔だった。挨拶をしてきて、わたしと一緒に自撮りをしようとしました。そのおかげで旅のあいだ心地よく過ごせました。そこはアジアとヨーロッパ、そして中央アジアの交わるところで、わたしにとってそうした場所ははじめてでした。それでとても大きな影響を受けました。そういう国へ行くことはあまり考えていなかったんです。

ダニエル　中国については、どの点に最も魅力を感じていますか？　明日飛行機に乗るとしたら、中国のどこへ向かいますか？

ヌー　南のほうではありませんね。これまでたくさんの時間を過ごしてきたから。もっと北のほうへ行ってみたい。華僑の多くは、南方の出身です。その方面の中国はよく知っています。マレーシアやシンガポール、香港の友人たちはみな南の省の出身だし。

ダニエル　わたしたちアメリカ人もそうした人々についてはまるで知らないわけではありません。

ヌー　ええ、言葉の面でもそう。だから行くとすれば、北のほうの省かな。山西省とか。はじめて北部の省に行ったとき、山西省で人々の話しかたに驚きました。わたしは香港などで使われる広東語で尋ねることに慣れていたんだけど、アクセントがまるでちがった。〝r〟の音を、まるでアイルランド系アメリカ人のように巻くんです。それが違いに気づいたきっかけでした。そういうわけで、中国北部を訪れてみたいですね。北西部の新疆ウイグル自治区はすばらしそうです。とても美しい国立公園や滝などがあります。それに、ウズベキスタンのように、ペルシャ人や中央アジアの要素もあります。あの美的感覚が好きなの。中国の北西部へ行きたいです。

ダニエル　ジャーナリストとして、ひとつ質問させてください。人間にとって旅とはどのようなものだと考えていますか？　わたしは楽天主義者で、誰もがたとえわずかでも旅行をするチャンスがあれば、それによってたくさんの問題を解決できるのではないかと思っているんです。それがこの本を書いている理由です。

ヌー　なるほど。わたしは、誤った理由で旅をしている人がたくさんいると思っています。実は旅に興味がないのに旅をしている人がいる。だから、旅は強制できるものではないと思うんです。もし飛行機に乗って何千キロもの彼方へ移動し、ただ自分と似たような人と会うだけで、何かを探そうとしないなら、旅をするべきではない。

ダニエル　ええ。

ヌー　それなら、あまり遠くへ行かなくてもいいでしょう。

ダニエル　まさにそうですね。

ヌー　わたしたちが生きているのはとてつもない時代で、それは永遠に続くわけではありません。だからそれをできるかぎり生かしたいんです。それに発展途上国の人にとって、旅行はどんどん安くなっていますなったことで、誰もが同じ場所に群がるという問題も起こっています。ただし旅に出やすくなったことで、誰もが同じ場所に群がるという問題も起こっています。興味深い物語はおそらくどこにでもあると思うんです。でももう少しだけ深く掘りさげて考えるなら、この時代にエジプトを訪れ、ピラミッドを見たことを誇るだけでは不十分でしょう。

　世界はさまざまな面で、文化的にひとつになりつつありますが、それぞれの国に独特の表現のしかたがあると思います。どの国の、どんなに小さな何もない場所にも興奮するようなものがあるけれど、それを見るにはそこへ足を運ばなくてはなりません。そしてやはり、旅をすることはとても重要です。はじめての国を訪れるだけでその場所とのつながりが生まれ、帰国すると、それまでは無視していたような新聞記事に注意するようになる。それは自分で行ったからこそ。そうしたことが、世界の別の場所に住む人々と結びつくための小さな第一歩になります。

ダニエル　旅によって、ひとりの人間としてどのように変わりましたか？　独特の子供時代を過ごしていらっしゃいますよね。そして一八歳までに、多くの人が一生で接するよりも多くの文化に接しているのではないでしょうか。さまざまな場所へ行ったことで、あなたはどう変わりましたか、そしてどんな役に立ちましたか？

ヌー　旅で大切なのは、コンフォート・ゾーンから出ざるをえないということ。言語も物事の仕組みもわからないところへ放りこまれるから。すると人に話しかけ、質問し、人に助けてもらわなくてはならなくなる。それに、人々が近づいてきて、自国にいるときとはちがうしかたで話しかけてくる。そうした経験で、自分の殻から出ることができました。そして、人はみな根本的には同じなんだと気づかせてくれた。でもおそらく多くの人はそれを理解していない。いま、人々はアフリカからの難民が船に乗ってやってくるところをテレビで見ているでしょう……。

ダニエル　そして、自分と同じ人間とは思えない、と思っていますよね。

ヌー　そうです。でも、そうした人々の故郷へ旅してみると、それはちがうということがわかる。また人間性に関して、旅をする人としない人では大きな隔たりがあると思う。難民危機に対する見解はかなり異なっているでしょう。

旅に出ると人のアドバイスをもらわないといけないので、人の性格を判断するのがうまくなります。女性の場合、誘ってくる男性を避けようとする。そしてアフリカ人は、自分を見ただけで不作法な振る舞いをするかどうかを見きわめようとする。

ダニエル　ええ、どんな偏見を持っているかわかりませんからね。

ヌー　そう。人を観察するのが上手になりましたよ。仕草や顔の動きなどから判断するんです。そして、人を以前より信頼できるようになった。お話ししたとおり、大部分の人々はとても親切で、慎み深いということもわかったし。

ダニエル　もう少し気楽な話題で、はじめての場所に行ったときにどうするか教えていただけますか？　事前にたくさんのことを調べますか？　きちんと計画を立てますか、それとも経験や勘に頼りますか？

ヌー　面白い質問ね。時間が経つにつれて変わってきました。あなたはわたしよりもはるかに若いですが、わたしが二〇代前半だったのは九〇年代後半で、まだあまりテクノロジーも発達していないころだった。だからいまよりずっとガイドブックに頼っていました。旅の準備は、ガイドブックを読むことだけだった。オンラインでたくさんの写真を見ることもできない時代で。

それが旅をするいちばんいい方法よ。最高の経験は、計画ではなく幸運な偶然がもたらすのだから。

ダニエル　わたしの旅行はたいてい三、四日ほどの長さですが、いつの日か幸運が訪れることを願わずにはいられません。あなたは外国に行くとき、わたしよりもはるかに長い日数滞在されますよね？

ヌー　ええ。目的地はおもに中国、アフリカ、ナイジェリア。書いている本の舞台なので。

ダニエル　それぞれの場所での経験にはどのような違いがありますか？　長く過ごすことで、見えかたが変わってくることもあるでしょう。好みの差はありますか？

ヌー　わたしは長く滞在するのが好きです。より多くのものが得られるから。これまでで最も興味が持てなかったのは、完全に休暇のつもりで行った旅行だった。フィリピンへ純粋な休暇として訪れたときは、なんの刺激も得られなかった。

ダニエル　全力で飛びこむのではなく、リラックスするために行ったんですね。それもいいことだと思います。

ヌー　いいけど、どこか変な感じ。いまになって思うのは、その国に住む友人と行ったほうがはるかによかったということ。とくに三、四日しか時間がないとき、そこに住んでいる人や出身者とあちこち見てまわるのは、自分ひとりでひと月ぶらぶらするよりもはるかにいいですね。そして年齢を重ねるほど、世界中に友人が増えてきたの。だから最近では、わたしはどこかへ休暇で行くということを半分諦めています。いつか、なんらかの方法でとは思っているけど。たとえば、世界各地から来たたくさんの人々と一緒に、一か月イタリアに滞在して執筆したことがあります。すばらしい経験でした。全員がつながりを持てました。思いもよらずエジプト人とブラジル人の新しい友人ができました。ちなみにわたしは、南米ではブラジルしか行ったことがなくて。

ダニエル　おお。

ヌー　このブラジル人の男性作家には、ペルー人のボーイフレンドがいるんです。それに、コロンビアの女性作家もいた。それで思ったんです。「ああ、だからわたしは南米に行ったことがなかったんだ。旅の神が、友人ができるまで待っていてくれたんだ」って。

ダニエル　なるほど。訪れるときに連絡できる相手がいれば、有意義に過ごせますよね。ところで、来年、はじめての場所を訪れる予定があったら教えていただけますか。あるいは、再訪を楽しみにしている場所があれば。

ヌー　ええ、パキスタンに学校時代の友人と行く予定です。知りあって二〇年以上になる友人で、彼女はパキスタン北部の山岳地帯出身なの。そこに家があります。そこでの滞在記が、フィナンシャル・タイムズの旅行のコーナーに載ることになっています。とても楽しみよ。インド亜大陸には行ったことがないんです。インドよりも先にパキスタンに行くとは想像もしていませんでした。

ダニエル　そうでしょうね。

ヌー　わたしの本がちょうどイタリア語に翻訳されたばかりで、何度かイタリアへ行きます。イタリアは好き。シチリアは、いちばん好きな場所のひとつよ。それからヴェネツィアには、子供のころ以来訪れていない。そこも面白いでしょう。きっと楽しいはず。それから七月にタンザニアのザンジバルでワークショップをします。

ダニエル　すごい。

ヌー　ええ。ザンジバルにも行ったことがないの。

ダニエル　そうですか。

ヌー　ああ、それに、ナイジェリアの国立公園を活性化しようとしている組織があります。来年後半にはそこにも行く予定。でもその話をしたら長くなってしまいますね。

VIII

とにかく行こう!

いま、かつてないほど旅がしやすくなっている。

「ただ行くと決めさえすればいい。それでいちばん困難な部分は終わりだ」

トニー・ウィーラー

ロンリープラネットの共同創業者であるトニー・ウィーラーは、なぜ旅に出て世界を見なければならないかについての示唆に富む発言を数多く残していて、どれかひとつを選ぶのが難しい。トニーにはこの本のためにインタビューをしたので、あとのページでさらに彼の言葉を読むことができる。

ここで少し時間を取り、この本を読んでいるあいだに旅の予約をすることをお願いしたい。自宅を出て、世界を見てまわるという決断をするのはいたって簡単なことなのだ。

現在の状況がどれほど恵まれているかを理解してもらうために、かつて旅行の計画や予約がどれほど面倒なことだったかを確認しよう。旅行代理店に足を運んでパンフレットをいくつも見て、航空会社に電話すると長い時間待たされることになった。たいてい、ホテルなどの滞在先を、実際の様子を確認せずに予約しなくてはならず、がっかりさせられることも多かった。ビザやパスポートの更新や旅の予約は数か月前に、多くの場合は郵送でする必要があった。一日数便の飛行機しか飛んでいない場所では、乗り遅れるとひどい目に遭った。

今日ではそうした状況は大きく変わっている。一文なしでも、仕事の休みが二日しか取れなくても、自分の国から出たことがなくても、目的地までの行きかたがわからず不安でも問題ない。行き先──さらには問題の解決方法までも──が載ったウェブサイトがあなたを待っている。キッチンにいながらにして、スマートスピーカーに「ＯＫグーグル／アレクサ／シリ、香港への航空チケットはいくら？」と尋ねると一分もしないうちに答えが返ってくる。

交通手段のない場所を目指している場合を除いて、世界のほとんどどこへ行こうとしても、その答えに要する時間はだいたい四五秒ほどだ。たいていは、旅行ができないというとき、最も大きな問題は金銭的なものだ。

だがしっかりと情報を集めて、預金を使い果たしてでも旅をしようと決心すれば、本物の楽しみが始まる。世界中のどこへ向かうにしても、グーグルの数百万もの検索結果が計画を立てるのを助けてくれる。

現地に着いたあとで何をするかアドバイスが必要だろうか。その場合は、ロンリープラネットやコンデナストのガイドブック、ニューヨーク・タイムズの旅行コーナー、マタドールネットワーク、さらにはインターネット上で見つかる無数の旅行ブログを読もう。

いちばん安い航空チケットを手に入れたいならグーグル・フライトが最善だが、ほかにもカヤック、ブッキング・ドットコム、エクスペディア、トリップドットコムを確認しよう。そうでないと、航空会社のウェブサイトを直接見なくてはならなくなる。

目的地での宿泊先は、ブッキング・ドットコムで最も多くの、そして最安の検索結果をチェックしよう。またホテルトゥナイトやAirbnb、エクスペディア、ホームアウェイを確認しよう。

近ごろでは、海外旅行の計画を完全に立てるのに一時間もかからない——それで、かつての人々が夢にも思わなかったほど自信を持って旅に出られる。この本のためにインタビューをした全員が、少なくとも一度はひどい目に遭った旅を経験しているが、リチャード・ブランソンが危うく命を落としそうになった（彼の旅のしかたは独特で、危険だ）ことを除けば、最悪の事態といってもせいぜい荷物や電話を盗まれたという程度だし、それもかなり稀にしか起こらない。

現地の言葉が話せないことが不安なら、外国語を覚えるための無料の教材はかつてないほど増えている。また地元の人々と真剣に会話したいなら、デュオリンゴがいい。あまり冒険が好きではなく、ただ歩きまわるために必要な知識が得たいなら、iOSかアンドロイド向けのロンリープラネットのアプリを調べてほしい。一五以上の言語の旅行会話が載っている。

およその費用と目的地までの交通だけでなく、さらに細かい計画を立てることにこだわる人も多い。旅行中の細かい移動の経路を調べるのは大変だが、それもいまではかなり簡単になっている。ウーバーやリフトなどの配車サービスはほとんどの先進国で普及していて、地上の移動はカバーできる。それらは旅の予約をするまえにおよその金額が調べられるので、旅行全体にかかる金額が確認できる。

　アドバイスをさせてもらうなら、目的地で何をするか、あまり心配する必要はない。旅の楽しみの多くは、未知の部分にある。現地に着いたら、ホテルから出て歩いてみよう。保証するが、そこで偶然見つかるものは、オンラインで、あるいは友人から得られる旅や目的地についてのどんなアドバイスをも上まわるだろう。

　はじめての土地を訪れるとき、わたしは一、二時間ほど調べて、歩きまわるときにどこへ行きたいかおよそのところを確認しておく。旅の時間を細かく区切って予定を立てるのではなく、状況を見ながら旅をするのがいい。

　わたしはよく、搭乗ゲートに向かっているとき、ウィキペディアの記事を読む。目的地の文化や習慣を知っておくと現地で役に立つだろう。

　自分がきっと居心地がよくないと思う場所に挑戦してみよう。言葉がわからないところへ行くのは怖いと感じるかもしれない。だが、多くの国では通りすがりの人々がとても親切だ。怖がらずに道順を尋ねてみてほしい。ホテルの従業員のお勧めには従いたくないと思う人もいるだろうが、自分と同じ言葉を話す人が少ない土地で、計画外の場所に行くようなときには、ホテルの従業員はとても役に立つ。

　歩きまわったら、少し立ちどまって、ようやくここまで来たんだと感慨にふけろう。ソファから立ちあがり、飛行機に乗り、やっとそこに着いたのだ。

たくさん笑い、友人を作り、詳細なメモを取ろう。すると、再びそこを訪れることにしたときには、会いたい人ややりたいことができている。
見知らぬものすべてに親しみを覚えるくらい旅をしよう。

ラウラ・デッカー

二〇一〇年八月一日、ラウラ・デッカーは三八フィートの船でオランダを出発し、五一八日かけて世界一周航海を成し遂げた——一六歳、史上最年少での達成だった。
彼女には『One Girl One Dream／ひとりの少女、ひとつの夢』という旅についての著書がある。現在は帆船の船長であり、講演活動や旅へ出ることを呼びかける財団を運営している。

ダニエル・ホートン　時間を取っていただきありがとうございます。遅刻してしまって申し訳ありません。いまはヨーロッパに住んでいるんですか？

ラウラ・デッカー　はい。

ダニエル　あなたの子供時代について少し聞かせてください。旅をしたいと思ったきっかけはなんでしたか？　旅は生活の一部でしたか？

ラウラ　ええ。両親と一緒にたくさん旅をしました。わたしが生まれたとき、両親は世界を船でまわっている最中でした。だからわたしはニュージーランド生まれなんです。オランダへ戻ったあと両親は離婚しました。わたしはそのころ新しい船を造っていた父と暮らすことにしました。それでしばらくのあいだは、船の隣に置いたトレーラーハウスに住んでいました。それから船が完成すると、海の上で暮らせるようになりました。海に落ちて溺れそうになったこともあります。六歳から一三歳まではオランダで船に乗って暮らしていて、世界旅行というほどではないですが旅をしていました。

ダニエル　船はいつも、あなたにとってとても快適な場所だったようですね。普通の家で育って、あるときふと船旅に出ようと思ったというわけではなさそうだ。

ラウラ　ははは、そうですね。ずっと旅をしたいと思っていました。

ダニエル　世界一周のほかに、これまでに訪れた場所を教えてください。ずっと記憶に残っているのはどこですか？

ラウラ　わたしにとって旅が特別な価値を持っているのは、たくさんの場所を見てまわると、どこも完璧ではないと知ることができるからです。問題はどこにでもあります。でも、どこにでも美しい部分があります。旅をすると視野が広がって、少なくともわたしは、自分がどう生きて何をするかなんて大したことではないという思いにかられます。誰もがちがっているんですから。重要なのは自分らしく生き、それに満足することだと思います。

ダニエル　世界一周旅行のことを聞かせてください。あの旅行のことはずっと計画していたんですか？

ラウラ　おそらく七、八歳のころからの夢だったんです。方法や時期について考えたのはもっとあとになってからでした。わたしにとって大切なのは旅をして世界を見ることで、記録ではありませんでした。そして、自分の準備が整ったと思ったときに出発しました。イギリスまで旅行したことがあって、帰ってきたときに、いまがそのときだと強く思ったんです。

ダニエル　旅の途中で何度か港に立ち寄りましたね。長いあいだ完全な孤独のなかで過ごしていて、大都市に戻ってきたときにどう感じたか教えてください。嫌になりませんでしたか？

ラウラ　戻ってくるのは本当につらかったですね。海にいるほうがずっと好きでした。都市に戻ってくると自分の視点がずれていて、ほかの人たちとはちがう見かたをしていました。世界は高速でまわっているのに、自分は静止しているように感じました。回し車を走っているネズミは、自分の姿が見えません。でもしばらくそこから降りてみると、なんのためにこんなことをしているんだろう、と思うんです。

ダニエル　社会に復帰するのは難しいですね。

ラウラ　ええ、とても難しいです。

ダニエル　いまは、休暇を取る必要があると感じたら、船に乗ってひとりの時間を過ごすんですか？　どうやって気晴らしをしていますか？

ラウラ　船に乗ることです。それに本を読んだり書いたりします。楽器も弾きます。音楽はとても好きですね。それでも、わたしにとって船が何よりですね。

ダニエル　あの長い旅を終えたとき、あなたはまだ一〇代だった。その後の数年はどうでしたか？　あの経験が人としての成長にどう影響していますか？

ラウラ　難しい質問ですね。ええと、わたしはずっと、変わった育ちかたをしてきました。目標へ到達し、それを勝ちとらなくてはならないという強い思いがありました。わたしはほかの人たちのように〝社会〟のなかにいたことはありません。そのため、そこへの戻りかたもわからないし、戻ろうとしたこともありません。

わたしはずっと自分のことを続けています。多くの旅をして、とても欲しかったので、船長の免許を取りました。講演もしています。時間が経つにつれて、ほかの若者は、わたしが学んできたことをまったく経験できないんだと気づきました。そうしたことは、一度でも学んだり見たりすれば、多くの人にとって非常に大きな価値があるものです。それを伝える場があればいいと思いました。

それで新しいプロジェクトを始めたんです。大型船を造り、子供たちをそれに乗せようと思っています。でも、教えたいのは船に乗る方法ではなくて、生きかたです。子供たちに船の上であらゆることをしてもらう——操縦や掃除、皿洗い、料理、そして協力して働くこと。大人からはこれくらいしかできないと言われていても、実際にはずっと多くのことができるということに気づくのが大切だと思っています。学校では、制度や決まりに従うように教えられます。その制度のなかでうまくやれる子供もいれば、まるでできない子供もいます。そんな子供は、しおれた花のように憂鬱そうにしています。

そうした子供は、どうしたらいいのかを知りません。やりかたを教わっていないからです。わたしはとても幸運なことに、自分がどう考えていて何が必要かを理解してくれる両親のもとで育ちました。それをほかの人にも伝えたいんです。

ダニエル　ええ、まったく賛成です。わたしも制度に従うのが上手ではなくて。学校では苦労しました——悪さをしたわけではないけど、教室で何かを学ぶのはわたしに合っていなかったんです。

旅はわたしにとって、納得できる数少ないもののひとつだった。だからそれを仕事にしているのはとても幸運なことです。高校も大学もなんとか卒業したというだけですからね。

ラウラ　学びかたは人それぞれまるで異なっています。でも実地で、実際にやってみることは、最も早い学びかただと思います。大勢の人がそれを必要としています。その機会を与えるべきです。

ダニエル　冒険はあなたの人としての成長にどう関わっていますか？　わたしにとっては、それは強烈に精神を広げてくれるものでした。そのことは多くの人にあてはまると思います。わたしの変わりかたは独特だったかもしれない。好き嫌いばかりだったわたしが気楽にどこでも歩きまわり、知らない人に話しかけられるようになりました。

ラウラ　ええ。いろいろな経験があります。旅はいつも人に影響を与えますよね。自分のことを知り、自宅で快適に過ごしていたら知らなかったような自分自身のことに気づきます。旅で出会った人たちがわたしにいちばん大きな影響を与えていると思います。

もちろん、両親と一緒に航海していましたが、すべて覚えているわけではありません。わたしが子供のころから最も多く見て、知っているのはヨーロッパ、西洋の社会です。そこでは誰よりも秀でて、最も大きな家に暮らし、最も大きな車に乗ることがすべてです。でもわたしにとって最も美しいのは、人々が小さな小屋に、でも自由に幸せに暮らしている島々です。そこから、学校で教わることはすべてが正しいわけではないと気づきました。
自分が持っているものに満足する、というのはとても大きな教えでした。船からもそのことを学びました。でも小さな島々で、いたわりあいながら暮らす人々の優しさは今日ではあまり見ることはできません。そのとき、「わたしはこれをずっと守り、自分でも身につけ、それに従って生きよう」と思ったんです。

スティーヴン・マンスフィールド

スティーヴンはベストセラー作家、講演者、政府顧問、そして世界をめぐる旅人だ。またワシントンDCを拠点とするメディア企業、マンスフィールド・グループの経営者でもある。この本のインタビュー用のリストを見ていて、大昔から宗教が人々を旅へと駆りたててきたことを教えてくれる人がいないことに気づいた。スティーヴンは旅の歴史について、さらに自分自身の外国での経験について魅力ある話を聞かせてくれた。

ダニエル・ホートン　スティーヴン、この本に参加してくださりありがとうございます。あなたのことを少し教えてください。
スティーヴン・マンスフィールド　わたしの最初の仕事は牧師で、二〇年続けました。後半の一〇年はナッシュヴィルのベルモント教会に所属していました。当時はおよそ四〇〇〇から五〇〇〇人の信者がいました。その後牧師を辞めましたが、そのまえから自分は半生を牧師として過ごすが、ずっとそれを続けるわけではないと意識していたんです。そしてすぐに、執筆にのめり込みました。

何冊目かで賞を取りました。ベストセラーになった本もあります。そのひとつが『The Faith of George W. Bush／ジョージ・W・ブッシュの信仰』です。この本がもたらした結果は、まさに期待どおりだった。これによって、第二の人生での立場を固めることができました。文化にもっと直に関わり、国際的に活動し、組織を立ちあげ、コンサルティングやメディアの仕事を始められた。要するに、わたしたちの文化にとって重要な問題を語ることができる立場を手に入れることができたんです。

わたしの人生はふたつに分けられます。社会奉仕をする牧師として講演をしながら各地をまわった二〇年。それから作家、政府首脳への顧問、ビジネスの講演をしている二〇年。

ダニエル　あなたにとっての旅と、その始まりを教えてください。両親と一緒に旅行をしたのが最初ですか？　それとも仕事でのひとり旅でしょうか？

スティーヴン　旅は人生のはじめからわたしにとって重要なものでした。父は陸軍士官だったた。そのころはまだ、度重なる引っ越しが家族に及ぼす影響がいまほど考えられていなくて。

そのため一八歳になるまで、ほとんど毎年引っ越しをしていました。それが普通のことだったんです。両親はそれを楽しんでいました。信じられないかもしれないけど、いつも百科事典のセットをステーションワゴンの荷台に積んで引っ越していたんです。

たとえばルイジアナ州を移動していて〝郡《パリッシュ》〟と書かれた標識を見かけると、母は、なぜカウンティではなくパリッシュと呼ぶのだろうと不思議がった。すると誰かが百科事典を調べてその答えを見つける。またどこに住んでいるときも、必ずあちこち見てまわった。ヴァージニア州で暮らしていたときは、ウィリアムズバーグやワシントンDC、ゲティスバーグ、マウントヴァーノンに行きました。その点で本当にいい両親でした。それに、ドイツでも二度暮らしています――そのうち一度はベルリンでした。冷戦時代のベルリンです。フランス、イギリス、ロシアと分割統治されていた時代で、複数の文化が混在していた。壁の向こうは共産圏でした。通っていたのはベルリンのアメリカン・ハイスクール。陸上競技の大会でヨーロッパ各地へ行ったのが最初の旅だった。

仕事に就いてからは、いちばん旅をしたのはナッシュヴィルのベルモント教会で主任牧師として働いていたころでした。わたしは教会の発展に貢献し、予算の三分の一を布教活動に費やすほどになっていた。それは当時としては稀なことでしたが、そういう教会の方針で。わたしはいまもイラク北部のクルディスタン地域へ行くけれど、それはただ布教するだけではなくクルド人の立場を支持し、大きな支援をしてきたからです。

クルド人支援について連邦議会で証言したこともある。またそのころには、世界中を布教してまわり、さまざまな活動をしました。パプアニューギニア、ウズベキスタン、タイ、中東のいくつかの地域、パキスタンなどで。

ダニエル　宗教的な側面も含めて、旅の始まりなど、歴史について教えていただけますか？

スティーヴン　はい。面白いですよ。人類の歴史のかなり初期のころ、ユダヤ教もキリスト教も生まれるまえの異教徒たちの世界で、旅は地域の神によって制約されていた。たとえばＸＹＺ民族がいて、彼らは枕の神を信仰していたとします。その枕の神は六〇キロメートル四方にしか力が及ばない。すると人々はその神の力の及ばない地域へは出ようとしなかった。そこには神の力が及ばず、人々は守られないからです。のちに交易が始まり、それぞれの地域が発展したり、なんらかの利点があることが知られるようになると、人々はもう少し危険を冒すようになった。そのあとに宗教的な旅が始まります。

ローマ時代には、既知の世界のほとんどに道が張りめぐらされ、保護されていました。旅の範囲は広がり、それにかかる時間も長くなったけれど、それはおもに宗教的な理由からでした。ユダヤ人は捕囚《ほしゅう》となったときのほか、あまり旅をしなかったが、キリスト教の時代には、旅は盛んになった。パウロのような新約聖書の登場人物の足取りを追うと、とてつもない距離を移動していています。

もちろん、布教活動は今日でも続いています。飛行機を所有する巨大な教会もある。牧師がよその都市へ食事をしに行くためではなく、世界中を早くまわるためのものです。

ダニエル　面白いですね。現代の宗教組織やその布教活動について、個人的にはどう思われますか？　以前よりもよいものになっているでしょうか、それとも政治的な情勢のために困難になっているでしょうか？

スティーヴン　宗教組織、教会、シナゴーグ［ユダヤ教の会堂］などについては、歴史上最も頻繁に移動が行われています。目的は布教だけではありません。教育のための移動も盛んです。

一機の飛行機が、南米のシナゴーグで学ぶニューヨークのユダヤ人でいっぱいになっていることも珍しくありません。もちろんいまこの瞬間にも、反ユダヤ主義と闘うためにイスラエルやヨーロッパに向かっている人たちがいます。キリスト教、ユダヤ教、イスラム教の大学に目を向ければ、必ず教育目的の移動が頻繁に行われています。二世代前にはなかったことです。非常に盛んだと言えるでしょう。それに、現在では世界のほとんどの場所で布教が認められています。たしかに宗教的迫害はかつてないほど多いですが、それはごくわずかな国でのことで、それ以外の国は以前よりも国際化が進んでいます。

多くの場所で、宗教者は望む場所ならどこへでも行き、誰とでも話すことができます。それにここ数十年で、旅にかかる費用は平均的な収入でもまかなえるほどに安くなった。少なくともアメリカ国内ではそうだし、慎重に行動すれば世界のどこでもそうです。こうしたふたつの傾向により、今日では信仰を持つ普通の人が自由に旅行をすることができるようになりました。

ダニエル　これまでにたくさんの場所を訪れていらっしゃいます。本で読んだところでは、イラク戦争のときに従軍していたそうですね。本当ですか？

スティーヴン　ええ。

ダニエル　きっとその旅は、ほかのものとはちがっていたことでしょう。それについて、話していただけることはありますか？　入隊者の多くにとって、経験したことがないような旅になったでしょうね。

スティーヴン　ええ、とてもいい経験でした。二〇〇五年に、イラクのキャンプ・ビクトリーに行きました。旅そのものも面白かったです。頻繁に飛行機に乗っていて、しかもたいていはデルタ航空を利用しているので、座席のアップグレードができるんです。それでヨーロッパまでファーストクラスで行きました。パリに着き、ミドル・イースト航空のファーストクラスでクウェート市まで飛びました。クウェート市に着くとすぐに軍の施設に向かい、C130輸送機に乗ってイラクに入りました。飛行中にパイロットが、まもなく着地するのでベルトを締めるように言いに来ました。座席は飛行機の中央部を向いている。前向きではなくてね。戦闘地域での着陸だから、ファーストクラスとはまるでちがう。それから飛行機を降り、ヘルメットを被りました。兵士たちが、たったいま軍用飛行場のそばで戦闘があったばかりだと声を上げていました。

そこにいると、気を抜くことはできません。また、いまでは戦場に簡単に出入りできるようになっています。昔は、ベトナムに兵士として送りこまれると、戦場を離れられるのは一年か二年にわずか一度の休暇のときだけで、そのとき兵士はハワイで妻と会うなどしていました。しかし現在のイラクでは、週末にクウェートやドイツへ飛び、治療を受けて戻ってくることができる。高官は定期的にワシントンDCに帰還している。彼らは知らぬ間に戦地を離れ、また戻ってきます。いずれにせよ、すさまじい量の移動が行われている。軍のなかで暮らしていると、世界各地の人々がそこに関わっていることがわかります。

そこは、世界のどんな場所にも劣らないほど多くの文化が加わり、集まっている場所です。戦争をしているのはアメリカ軍だけではなく、連合軍でした。キャンプ・ビクトリーではオーストラリア人、ニュージーランド人、ドイツ人、そして将校や従軍牧師などがいて、それぞれ言語や訛り、文化的な違いがあった。

ダニエル　そこに参加していた男性や女性はどんな様子でしたか？　おそらく彼らの多くにとってそれがはじめての外国だったでしょう。また、べつの場所からそこへ配置された人々もいたでしょう。あなたがそこへ行かれた理由を聞かせていただけますか？　執筆のための調査ですか？

スティーヴン　ええ、『The Faith of the American Soldier／アメリカ軍兵士の信仰』という本を書きました。その内容は、当時耳にした話です。おそらくイラクで洗礼を受けた兵士の話は聞いたことがあるでしょう。ちょっとした信仰復興が起こっていました。では、この世代の人にとって、宗教とはなんなのか？　この世代はキリスト教信仰がやや弱い世代だったんです。それに伝統を重んじない面もあった。しかし戦争に参加したことで、彼らは宗教的な意識に目覚めた。信じがたいことですが、この戦争に参加した兵士はそれまでの世代よりも年齢が高く、教育を受けた世代でした。

ダニエル　ベトナム戦争では一八歳の兵士が多かったですが、当時とはちがったということですね。

スティーヴン　そうです。イラク戦争の兵士は、多くが予備役兵でした。彼らが予備役に入ったのは、大学の奨学金のためでした。自分が戦争に行くとは思いもせずに。少し年齢が高く、教育を受けていたのはそのためです。そして、中核をなす兵士と、半年前まで生物学を学んでいた二一歳の予備役兵のあいだには明確な分断がありました。その違いは大きく、それがまた文化的な混合を生みだしていた。

ベトナム戦争に従軍する父に別れの挨拶をしたとき、わたしは父が死ぬのではないかと思っていました。でもイラク戦争の兵士は、たいていは六か月で帰国し、また教室に戻って生物学を学ぶ。ベトナム戦争の世代には理解できないことでしょう。その世代の兵士は、帰国するまでに空港で二週間も待たされたんです。いまは速度が変化したこともあり、自国の文化に触れることができるツールもあるため（わたしがイラクに行ったときはみなiPodを持っていました）――職業軍人らしさは変わった。高機動多用途装輪車両《ハンヴィー》から降りてきた女性兵士と話したんですが、彼女は即席爆発装置による攻撃を受けて友人が死ぬところを見て、敵兵を狙撃したそうです。ところがその三日前には、治療のために訪れたドイツのディスコで踊っていた。第二次世界大戦やベトナム戦争、朝鮮戦争ではこうしたことはなかった。やはり、移動手段の変化によって戦場は姿を変えているんです。

ダニエル　その旅ではその土地の人々とはあまり時間を過ごさなかったかもしれませんが、そうした機会は、あるいはほかの戦場でもいいですが、ありましたか？　それによって何か気づいたことはありましたか？　地元の人の話で大きな影響を受けたものはありますか？

スティーヴン　実際にそうした機会はたくさんありました。若いころクルディスタンでクルド人と関わっていたとき、戦争が起こっていましたからね。戦場に関して興味深いのは、一般市民の生活はほとんど変わりなく続けられているということです。戦争とは無関係に。

ダニエル　それにおそらく、戦争の影響というのは、人が想像するほど大きいわけでもないですよね。

スティーヴン　現地の人が一斉に戦場に並んで敵に向かって攻撃していないのはもちろんのことですが、それだけではありません。イラク人の地域にあるレストランですわっていたとき、アメリカ人の部隊が窓の外を匍匐《ほふく》前進で、銃を構えて敵を探しながら通りすぎたことがあります。わたしはそのとき、イラク人の友人たちと窓際にすわっていた。奇妙な感覚でした。夜中に街で銃撃があり、起こされたこともあった。誰かに叩き起こされて、マシンガンを手渡されたこともある。

そうした場所で過ごしたことで、たくさんのことを学びました。ときには戦場と化すこともあるけれど、イラクでは普段は教会で話をしたり、大学で講義をしたり、ある家族と夕食をし、赤ん坊を抱きながらテレビを観たりして過ごしています。もちろんいつなんどき自分が死んでもおかしくないのですが、その可能性は高くはない。むしろ感じるのは不便さのほうです。おそらくベトナムでも状況は同じだったのではないでしょうか。サイゴンの一部にはいまも、三〇年前に人々が銃撃戦を始めるまえと同じ街の姿が残っています。

イラクでは何度か火事を目撃しました。場所は国境近くで、曳光弾《えいこうだん》が上空を照らしているので消えるのを待たなくてはなりません。そこで働いていて、親しくしていたジャーナリストがいました。テレビにも出演している人だったんですが、突然亡くなってしまった。慎重さが足りなかったためではなく、気楽に過ごせるからです。

ダニエル　快適さを感じはじめるということですね。戦地では完全に快適というわけにはいかないでしょうが、安全だと感じるようになるというのはわかります。そして、その状況を普通だと感じはじめる。しばらく経つと、どうしてもそうなるでしょうね。

スティーヴン　ええ。「アメリカン・バーで会って一杯飲みましょう」といった誘いは、ごく普通にありました。そのバーが爆破されると、みな衝撃を受け、好きだったジャーナリストの死に震えあがりました――それも当然のことだと思います。わたしが言っているのは、異常な状況を人が普通だと感じるようになるのではなく、普通の生活に戦争が突然押し寄せてくるということです。

ダニエル　はい、まったくですね。ところで、政府首脳の旅行について少しお聞かせください。あなたは政治家や社長に関する本を書かれています。彼らの人物や仕事に、旅はどのような影響を与えていると思いますか？

スティーヴン　いつも驚きを覚えているのは、エリートの旅には現実を歪曲させる効果があるということです。エアフォースワンに何度も乗ったわけではないけれど、数多くのＣＥＯやビジネス・リーダーの旅に同行してきました。エリートの旅――それは誰からもちやほやされる旅で、通常の旅の経験とは大きな乖離があります。

人は社長になると、村の通りを自分で歩かなくなる。でもそれはさまざまな面で不幸なことなんです。だからわたしはずっと自分で歩くことにしている。高い地位を手に入れた人々は実態が把握できず、通りを歩いている普通の人のことがわからなくなり、現実の状況を理解できなくなるんです。エアフォースワンがどこかの町に着陸したら、それは侵略者と変わらない。

ダニエル　そうですね。大統領専用車や車列を引き連れて来ますからね。多くの人はそれを知らないのではないでしょうか。どこであれ戦場のようになってしまいます。

スティーヴン　そのとおり。エアフォースワンが単独で着陸する映像は流れても、上空を飛ぶＦ14戦闘機や軍隊のように出現するシークレットサービス、一週間前に視察するＣ１３０輸送機は映されない。

ダニエル　そのとおりです。旅行をするときのことについて教えてください。行ってみたいと思っていて、まだ訪れたことのない場所についてぜひ聞かせてください。また、はじめての場所に着いたとき、どう行動しますか？　携帯電話があるので道に迷うことはほとんどありませんが、わたしは興味を惹かれた方向へ歩いてみるようにしています。新しい場所で必ずすることは何かありますか？

スティーヴン　ええ、わたしもあなたと同じように、道に迷いたいという願望があります。わたしのいちばんの思い出は、イスラエルの警備兵たちと一緒にすわって、笑ったり肩を叩きあったりしたことです——そのときは、みなわたしがイスラエル人ではないことを忘れていた。わたしはその場所に溶けこみ、道に迷うことが好きです。野原に腰を下ろすことや、議論や会話をして楽しみ、質問され、騒がしくすることも。そうした文化が好きなんです。旅をしていて困るのは、わたしが大男だということだね。身長は一九六センチ、体重は一二〇キロくらい。だから多くの場所で、わたしはまるで地元の人間には見えない。

ダニエル　ええ、あなたは溶けこめないでしょうね。

スティーヴン　それでも、わたしはその文化にさっと入りこむのが好きなんです。でもそうするためには、ときには何も知らないアメリカ人を装わなくてはなりません。

ダニエル　ええ。でないと、ずっと不信感をもって見られますからね。

スティーヴン　それに身体が大きいと必ずＣＩＡだと思われます。このアメリカ人は何が目的なんだ、と。わたしは異国を訪れたときは、自分が実際よりも小さく見えるようにする。話しかけるときは縁石から降りる。そして少し屈んで、馬鹿で愚かなアメリカ人を助けてくれませんか、といった調子で話しかけます。

そうやって異国で人の助けを求めて、最もすばらしい、教えられる経験をしたのは中東でのことでした。人々はとても親切でした。文字どおり男性たちに手を引かれて、彼らの従兄弟が営んでいる店まで連れていってくれた。それでその従兄弟に、わたしの望みを叶えるにはどこへ行けばいいか尋ねました。総勢五人に連れられてダマスカスの街を歩くことになった。これまでに最も多くの旅をしたのは、遊びと仕事を合わせて、イスラム教世界でした。イスラム教について学術的に研究したことがあります。わたしが最も大きな啓示を得られ、最も興奮するのはイスラム教世界にいるときなんです。ただしそこでは、ある程度は危険なことが起こる。それでもとても丁寧に歓迎され、もてなされることもあるんです。

ダニエル　なるほど。

スティーヴン　わたしはテロリストやハマスのリーダーたちと話をしたこともあります。べつに特別なことではなくて、その地にいるジャーナリストなら誰でもその機会があります。しかしそれはわたしにとって最大の啓示であり、イスラム教徒をひとくくりにした発言のほとんどは間違っているということを教えてくれた。イスラム過激派についての想定さえ、そのほとんどは誤りです。だからそのことがわたしにとって最大の教育であり、最も大きな楽しみであり、わたしの血肉や記憶になっています。

ダニエル　お話しいただきありがとうございます。それは驚くべきことですね。それでは現在、人間にとって旅とはどのようなものだと思いますか？　中東などの場所は安全でしょうか？　そうした文化は広く伝わっているでしょうか？　アメリカ以外の人々は、アメリカは閉鎖的な場所だと思っていますか？　それともそれはニュースによる歪曲でしょうか？

スティーヴン　それに対する答えは、世界は旅をする人としない人のふたつに分割されている、というものです。ずいぶんおおざっぱな考えだけれど、わたしの家族のなかでさえ分かれている。一方では頻繁に旅をする者がいて、彼らはよく読書し、世界の出来事に敏感です。他方、決してアラバマ州モービルから外へ出ようとしない者もいる。

ダニエル　自分の居場所に満足していて、しかし、あなたの行動を変だと思うこともない。

スティーヴン　ええ、そのとおり。誤解してほしくないんですが、彼らは知的でよく読書をします。でも旅はいっさいしない。ワシントンDCへ行くことさえ大変なことなんです。それでなんの問題もないし、それが彼らの文化なんです。ただ違いははっきりとしています。そうした相違は、世界のほとんどの国で見られるものでしょう。わたしが話をしたあるスコットランド人は、絶対にロンドンには行かないと言っていました。おそらく、列車で二時間ほどの距離なのに。まあ、そうした要素があるとはいえ、世界は動いている。そして多くの場所で見られるように、富裕層と非富裕層の文化的格差は広がっている。これから、旅をする人と旅をしない人の考えかたの違いが明らかになってくるでしょう。
　旅は人を変えるもので、また楽しみでもありますが、それだけでなく、自分の家から出ようとしない人々との違いを生みだします。おそらく旅をする人は増えているでしょう。全体としては、旅はより安全になっている。それでも、ほとんどの文化で旅をする人と旅をしない人の分割があるという事実は変わらない。それは、高校卒と博士号取得者にも匹敵するほどの違いをもたらす。

ダニエル　そうですね。スティーヴン。すばらしいお話でした。お時間をいただきありがとうございます。

トニー・ウィーラー

　トニー・ウィーラーと妻のモーリーンは一九七三年にロンリープラネットを創業した。ご想像いただけると思うが、二〇一三年にロンドンではじめて夫妻と会ったとき、わたしはとても楽しく過ごすことができた。彼らが四〇年前に作った会社を経営する立場になったことで、実はかなり気後れしていたのだが、夫妻はこの上なく優しかった。

ウィーラー夫妻にとって、旅とは生きることだった。二〇〇七年にロンリープラネットをBBCに売却したあと、旅はさらに加速した。トニーはあらゆる方法を駆使して世界を見てまわり、ヴィンテージカーでアジアをめぐるロードトリップに出たり、列車に乗ってモンゴルを横断したりしている。トラベルガイドの父である彼とのインタビューは電話で行われた。そのときわたしは大西洋を、トニーは太平洋を眺めてゆったりと腰を下ろしていた。

ダニエル・ホートン　お元気でしたか？　いまは旅に出てらっしゃるんですか？

トニー・ウィーラー　とても元気だよ。シドニーにいるよ。

ダニエル　わたしはフロリダキーズにいます。キーウェストに近いマラソンです。

トニー　いいね。さあ始めよう。

ダニエル　あなた自身について、それからあなたについて人々に知ってほしいことをお聞かせください。それから最近したことや訪れた場所を教えてください。

トニー　わたしの父はさまざまな国で働いていたから、わたしは子供のころから旅をしていた。パキスタンやバハマ、アメリカ、イギリス……。その当時、イランやアフガニスタンといった国にはあまり訪問する人はいなかった。それがロンリープラネットを立ちあげたきっかけだった。いまもたくさん旅をしていて、考古学的な遺跡のトラスト活動や、アメリカでは観光遺産の保護に関わっている。家族でおもに東南アジア、そして東アフリカと西アフリカの六、七〇件ほどのトラスト活動のプロジェクトを行っている。あるいは、これまでに行ったことのない場所や、再訪しなくてはならない場所へ旅しているよ。

ダニエル　最近ではどこへ行かれましたか？

トニー　たまたま、去年はそれまで行ったことのない国をたくさん訪れることになった。旧ユーゴスラビアをまわったのは楽しかったね。七〇年代にはじめて訪れたときはひとつの国だったけれど、いまはご存じのとおりいくつかの国に分裂している。

去年は、ヨーロッパの東端のほうも少し旅した。モルドバや、ヨーロッパの素敵な独裁国家と呼ばれるベラルーシ、ウクライナ、それに魅惑の都市サンクトペテルブルクにも行った。

ここ数年でいちばん大きな旅行は二〇一七年、二年前のことだった。酔狂なグループの一員として……バンコクからロンドンまで、古いイギリス製のスポーツカーで旅したんだ。八台の古いMGでね。バンコクを出発して東南アジアを北上して中国へ進み、シルクロードに入って四か月かけてロンドンまで車で移動した。すごい旅だったよ。かなり念入りに計画を立てて、経路もしっかりと把握していた。全員の準備もすばらしかった。

「スタン」と名のついた国を四、五カ国通りぬけた。ただしカザフスタンには入らなかった。

それがわたしが唯一行ったことのない「スタン」だね。非常に楽しかった。四か月ではなく、八か月かかってもおかしくない旅だった。

ダニエル　途中で何台か故障しましたか？　それとも運よく故障しませんでしたか？

トニー　ははは。八台中、わたしの車がいちばん新しく、いちばん古いものは一九二三年製だった。トラブルが起こる車もあったが、二、三人優秀なアマチュア整備工がメンバーにいたから、どうにかなったよ。

ダニエル　それはすごい。子供のころ、あなたが旅好きになったのは、お父さんとさまざまな国で暮らしながら成長したという以外に要因はなかったのでしょうか？

トニー　いや、ほかにもあるね。さまざまな国で暮らしていたから旅への情熱が生まれた、という答えはすぐに思いつく。でも、わたしには弟と妹がいるんだが、わたしのような旅好きにはならなかった。それに、子供のころ旅をする機会がなかったのに、熱心に旅行をするようになった人もいる。だから子供のころの経験といまの旅行好きを必ずしも結びつけることはできないと思う。

ダニエル　あなたは長く旅をしてきました。はじめのころと比べて、旅は変わりましたか？

トニー　多くの面で、とてもシンプルになったね。いまはただ飛行機と宿の手配だけをすればいい。インターネットは魔法のようだ――かつては、現地に行ってみないと国境を越えられるかどうかわからなかったんだよ。一方、最近わたしは観光過剰《オーバーツーリズム》に関する学術的な研究への序文を書いたんだ。観光過剰という言葉は、バルセロナやアムステルダム、ウィーンなどについてよく使われる言葉だ。それらの場所では、旅行者が許容範囲を超えて増加していると懸念されている。だがもちろん、世界には観光客が少なくて困っている場所もある。
　たとえば、わたしも長年訪れてきたインドでは、タージ・マハルへの観光客は少なくはないだろう。ところがインドは広くて、過去一年間でまったく観光客が来なかった場所もたくさんある。
　つまり多数の見解には反して、インドでは多くの場所で観光過剰とは逆のことが発生しているんだ。

ダニエル　旅は人を恐れさせ、不安にさせるものだと思いますか？　不安になっている人に、どんな言葉をかけますか？　わたしには、人が旅をしない理由は金銭的な問題以外にもあるように感じられるのですが。

トニー　たしかに。でも人はさまざまなものを怖がるものだからね。わたしはいつも言うんだけど、自分の地元でバーから出てきた酔っ払いの運転する車にはねられるのも、どこか世界のほかの場所でまずいことが起こるのも、どちらも確率に変わりはないんだ。実際に、わたしは二年前に「スタン」とつく国々を訪れたけれど、なんの問題も起こらなかった。みな歓迎してくれたよ。

ダニエル　ロンリープラネットに関してわたしがずっと誇りに思っているのは、訪問先が〝惑星上の孤独な場所《ロンリープラネット・プレース》〟だと感じられるように努めているということです。ロンリープラネットの本を開くと、いまでもオンラインでは見つけられない場所が載っています。その感覚を長年のあいだにどうやって作りあげてきたのか、そしてそれがあなたにとってどんな意味を持つかを教えてください。

トニー　きみも知っているとおり、はじまりはわたしたちの旅だった。イランとアフガニスタンの国境がまだ開かれていたころ、ヒッピーたちがヒッチハイクやバスで通った〝ヒッピー・トレイル〟から旅した。カトマンズバレーは大気汚染がひどかったから、東南アジアに向かった。七〇年代前半、まだベトナム戦争が終息に向かいつつあるころで、〝東南アジア〟といえばアメリカ人はまっさきにその戦争のことを思い浮かべた。

ラオスやベトナム、カンボジアが再び開かれたのは九〇年代初めのことだった。わたしはカンボジアとベトナムに一九九一年と九二年に訪れたが、その後、驚異的な変化をしている。ベトナムは、いまはもう当時の面影はまったくない。すっかり様変わりした。だが結局のところ、人々はいまもそれらの場所へ行き、楽しんでいる。とても楽しいときを過ごすことができる。それが重要なことだよ。

ダニエル　新しい場所に着いたとき、どう行動しますか？　まっさきに何をしますか？

トニー　ホテルなどの滞在先にチェックインしたら、荷物を置いて、歩きに出かけるよ。歩いてみることは、そこの様子をすばやく知るために有効な方法だからね。最近アゼルバイジャンへ行った。多少の知識はあったけれど、はじめての場所だった。到着した日に、まず外へ出て歩いた。

翌日、地元の大学生が案内してくれることになって、それで街の全体像を知った。その一週間前にはキプロスにいた。やはりはじめての場所だった。キプロスは面白いことに、かつて島がトルコとキプロスに分割されていた。島には国境線が引かれ、長年たがいに行き来することができなかったんだ。でもいまはそれができる。外へ出て歩いてみることで、実態を知ることができるんだ。

ダニエル　答えはきっとたくさんあるでしょうが、長年の旅を振りかえって、自分について知ったことはなんでしたか？

トニー　はじめて親と一緒でない旅をしたときにすべてが変わったね。親にしてもらうのではなく自分でビザを取得すること——それがわたしの目を開かせてくれたし、とてもいいことだった。きっとそれだけで本が一冊書けるほどだよ。若者についてのね。親と一緒ではなく、外国へはじめて行ったのは何歳のときか。多くの若者は、安全な環境で旅をするが、それはとてもよい始めかただと思う。それに、高校を卒業して大学に進学するまえに一年の休みを取って旅をする若者もいる。彼らの多くが訪れるオーストラリアは、いい場所だよ。英語圏からなら言語は一緒で、それでも自分の国とは異なる経験ができるくらいの違いがある。だから若者が旅をするのはとても嬉しいことだ。それは真の教育になる。わたしは大学へ入るまえに休んだ一年間で、大学での三年間よりも多くのことを学んだ。

ダニエル　なるほど。

トニー　かつては、人々がどこかへ行こうと思ってロンリープラネットを手に取り、「ここに行けるかもしれない」と考えるというのが嬉しかった。それから、若い中国人にはいつも驚かされるね。わずかひと世代前、彼らの親はまるで旅をしなかったんだから。暮らすように定められた都市から出ることは許されていなかった。都市を離れることすらできなかった人々の子供たちが、いまは世界中を旅してまわっている。すさまじい変化だよ。

ダニエル　考えてみると信じられないことですね。

トニー　数年前に会った若い中国人の男性を覚えているよ。彼は妻と一緒に上海で旅行会社を立ちあげた。従業員は三〇から四〇人くらいで、旅に出る若者の世話をしていた。
　彼はネパールとの国境を越えようとしたとき、何が起こるかわからないし、どうすればいいかも知らなかった。そこでロンリープラネットの英語版を探したそうだ。「ロンリープラネットで英語を学んだんです」と彼に言われて、感銘を受けたよ。英語圏の人々だけでなく、その外部の人々にまで影響を及ぼしているんだ。

ダニエル　あなたは、この本でインタビューしたほかのどの方よりも旅を暮らしの習慣に組みこんでいますね。そして自分の人生の一部として何度も、長年にわたって旅をしてこられました。その習慣についてお話しください。長旅が怖いという人々になんと伝えますか？

トニー　まずわたしはリタイアしているから時間はたっぷりあるし、意欲も十分だ。実を言えば、家族のことがなかったらもっと旅をしているだろうね。でもそれをほかの人に勧めようとは思わない。ここシドニーの湾を見渡すと、わずか数百メートル先に巨大なクルーズ船が見える。もちろん、わたしは巨大なクルーズ船に乗ることにはなんの興味もない。でもわたしは嬉しいんだ。多くの人がクルーズ船に乗っているのが。それで、クルーズ船に乗らないわれわれの居場所が増えるからね。

ダニエル　まさに。わたしはそうした人々についてこう思うんです。「それが彼らにとって旅のはじまりで、はじめて船に乗るのだとして、もしそうすることで興味に火がつき、もっと旅をするようになるなら、すばらしいことだ」と。

トニー　うん、同意するよ。それに、そこまでで止まったとしても、それはそれでいいことだと思う。

ダニエル　あなたは車が大好きで、わたしの知る誰よりもロードトリップをしていると思います。もし、世界中の好きな道を好きな車で運転できるとしたら、どんな車を選びますか？　そして、どこへ行きますか？

トニー　もう二〇年以上前になるけれど、九〇年代に二度、アメリカ製のクラシックカーでアメリカを横断したことがある。そのときは五〇年代の車で旅したかったんだ。デトロイトの全盛期は五〇年代だからね。あの二度の旅で、アメリカ合衆国本土のうち二四州に行ったから、アメリカの半分は制覇したと言える。まだ行っていない州が六州あるから、できればアメリカで車を借りて、その六州をまわってみたいね。南部の三州と北部の三州。ノースダコタ州にはまだ行ったことがないんだ。

ダニエル　ノースダコタはすばらしいですよ。

トニー　まだ行ったことのない州に車で行きたいね。古い車を運転するのは楽しいだろうけど、わたしはそんなに古い車の整備に熱心じゃない。だから故障したときに直せる整備工が一緒ならいいんだが。信頼できる新車とはちがうんだ。たぶん、車を借りるだろうね。

ダニエル　きっとノースダコタは気に入るでしょう。休暇で何度か行ったことがありますが、とても美しかった。ほとんど見たことがないような、ほかとはちがう美しさです。

トニー　もうひとつ、アメリカで列車での長旅をしたことがないんだ。シカゴからシアトル、あるいはシカゴからサンフランシスコへ行こうと思っている。期間は一週間で。読んだ記事では、飛行機のチケットのほうが安く、早く目的地へ行けるけれども、人々はいまも列車に乗ることが好きなのだそうだ。きっと楽しめるだろうね。

　わたしは去年、ドイツ人の友人たちとヨーロッパでロードトリップをした。旧東ドイツ生まれの若い人も一緒だった。彼の家族は、まだ彼が子供だったころ、国境を越えて西ドイツにやってきた。ベルリンの壁が崩壊する直前だったけど、移動は可能だった。だが許可を得た移動ではなく、家財をすべてあとに残してきたらしい。それでも彼らはそうしたんだ。二週間ほど彼らと過ごし、かつて東ドイツだった、彼らが知っている地方を車でまわった。すばらしい旅だったよ。

ダニエル　鉄道に関してお聞きしたいことがあります。あなたはモスクワから北京へ鉄道で行ったことがありますよね。どうでしたか？

トニー　ああ、シベリア鉄道で——そして北京ではモンゴル横断鉄道でね。北京からモンゴルを越え、その後ロシアから出発しているシベリア鉄道と接続している。けれども北京モスクワ間を一週間かけて移動したから、とても長い旅になった。旅の方法にはさまざまな可能性があった。安くあげるなら列車に乗り、つぎの駅で降りてそこで一日過ごすといったこともできる。そしてつぎの日にまた列車に乗る。そのときにしたのは、それをかなり豪華にした旅だった。それもドイツ人が用意したもので、あるドイツ人グループが年に一度借り切っている列車だった。

ダニエル　なるほど。奥さんのモーリーンに、たまたまあなたが出発する直前に伺いました。

トニー　何度か列車を降りてホテルに泊まり、また列車に乗った。でも実質的に、ずっと列車に乗っているようなものだったね。すごい経験だった。それに、ロシアをよく見て、さらに深く学ぶことができた。モスクワやサンクトペテルブルクといった観光客がよく訪れる以外のロシアをね。だが同じころ、たしかその一年後くらいに、またパキスタンを車で旅行したんだ。自分では運転しなかったけれど。運転手がいて、彼の車に乗った。パキスタンに入って車で中国との国境まで進み、中国車に乗り換えて新疆ウイグル自治区に入った。ある意味で以前に行ったときより興味深かった。カラコルム・ハイウェイは楽しかった。
そしてまたパキスタンに戻ると、観光客がとても少なかった。それでも、パキスタンでの二週間は最高だった。とても楽しめたし、誰もが友好的だった。とても興味深い場所に泊まったんだ。たくさんのものも見られたし、外国人旅行者は少なかった。

ダニエル　アメリカでロードトリップをするときは必ず――それに南部でまだ行っていない州もあるようですし――連絡をください。ぜひご一緒しましょう。

トニー　ひとつはミネソタだね。いまそのリストが手元にないんだけれど。ミネソタだったかどうかわからないが、まるでひとつの国みたいじゃないかい？　ボブ・ディランが生まれ、ニューヨークで有名になるまえに育った場所。ボブ・ディランに関する巡礼をして、数か所をまわってみるというのは興味深いな。

ダニエル　わたしは来週パナマへ行きます。何かお勧めはありますか？

トニー　パナマ市はあらゆる面で面白い街だね。最も驚いたのはバードウォッチングだ。わたしは普段バードウォッチングをするわけではないけど、もしする機会があったら、鳥に詳しい人と行くといい。ロンリープラネットの社員に同行してもらったんだが、彼によるとそこは北米から来たロッキー山脈と南米から来たアンデス山脈がぶつかっているところらしい。その地域は、鳥もやはり北と南からやってくる、世界で最も興味深い鳥の生息地に数えられている。一日バードウォッチングをして楽しんだよ。まさに驚くべき体験だった。

おわりに　出かけるまえに　旅のチェックリストと注意事項

認めよう。たしかにわたしはちょっとした旅行オタクだ。もうお祭しかもしれないが、わたしの話はオタクそのものだ。旅行で貯まるポイントやその報酬のことばかり考えている。航空便の予約をするまえには、飛行機の機種や座席配置を調べる。ほとんどの場合、飛行機の乗り換えで立ち寄る空港のなかをまわる計画を立てる。

旅に出ることを強くお勧めする本をこうして書いているので、この機会を利用して、旅の参考になることをお伝えしよう。最初のひとつを除いて、絶対に守らなくてはならないルールというわけではない。自分なりのやりかたで世界を闊歩しつつ、必要なら自由にアドバイスを取りいれてほしい。

1　決して荷物を確認しない。

2　ルール1を守ること。

3　早めに空港に行く。笑われるかもしれないが、この本で紹介された旅の失敗の多くは、一時間早く空港に行くことで完全に防げる。どんな空港も魅力的だ。歩いてまわれば、必ずと言っていいほど面白いものが見つかる。食べ物や飲み物がいくらでもあるし、ショッピングをしていれば手持ちぶさたになることもない。わたしのような飛行機オタクにとっては、まるで天国だ。

4　人に感じよくしよう。本当に、誰に対しても。自分の望んでいるものを手に入れるのに、感じよく接することは二〇ドル紙幣を配りながら歩いているのと同じくらいの効果を発揮する。笑顔を忘れずに。

5　質問しよう。誰にでも。どこかの門の前で自分の隣にすわっている人から、着陸した場所のガソリンスタンドの経営者まで。わたしがこれまでにもらった最高のアドバイスや、最高に独特な経験のいくつかは、そうした偶然の出会いから生まれた。

6　行き先がどこであれ、そこを歩いてみよう。それによって、その後の旅の予定ががらりと変わる可能性がある。

7　水をたくさん飲もう。いろいろな場所で、時差ぼけを解消する方法としてあちこちで推奨されていることだが、わたしもその有効性をお伝えする。たくさん水を飲んで、空腹を紛らわそう。それを守れば、旅のあいだずっと効果が続く。

8　現地の通貨で少なくとも二〇〇ドル分は持っておこう。それは緊急事態や安全のためだけではない。地元のお金を少額持っていれば、旅の最中に起こる予想外のことに対処できる。

9　友達や家族に電話しよう。自分が旅先に着いたことを知らせ、そこでの楽しい経験を伝えよう。楽しみを逃してしまうという恐れが人を旅に駆りたてるとしたら、おおいにいいことだと思う。わたしは毎晩、地元の五人から一〇人くらいに電話をかける。国際通話の料金のことなら心配はいらない。無料音声通話のアプリを使って、インターネット回線で電話をすることができる。自分が体験したことを人に話すのは最高だ。

10　旅先でひと晩予定を空けておき、バーに入ろう。そこで酒を飲むかどうかはご自由に。席に着いたら人と話をしてみよう。自分がどこから来たかを話し、彼らの暮らしについて聞き、そこで何を見学し、食べ、飲んだらいいか尋ねよう。

11　計画にこだわらない。着いてみたら、計画していたよりも面白いことが見つかるかもしれない。それに、一緒に過ごしたい人と出会うこともある。楽しそうなことが目の前に現れたら、恐れずにスケジュールを投げだしてしまえばいい。

12　ゴミの始末をしよう。あえて言う必要はないかもしれないが、人は旅に出ると世界や環境への気配りがおろそかになってしまうことがある。疲れていたり、道に迷うこともあるのはわかるが、それでも人の模範となるよう努力しよう。この本で話を聞いたほぼ全員が、自分は国の代表者だという意識を持っていると話してくれた。

13　迷子になろう。これはジョークではない。できればスマートフォンが充電された状態で迷子になることをお勧めする。長い距離を歩き、興味が持てるかどうかだけを頼りにどこへ向かうかを決めよう。そして終わったあとで、電話を取りだして帰り道を調べればいい。

14　友人を作ろう。そして、その後も連絡を取りあおう。タクシー運転手でも、ホテルのバーテンダーでもいい。わたしはかつて、ロンドンのヒースロー空港までの長距離タクシーの運転手と友達になり、数年経ったいまも関係が続いている。ロンドンへ行くと一緒に食事をする。しかも、いまではいつも無料で空港まで送ってくれる。

15　地元ではしないことをしてみよう。コンフォート・ゾーンの外へ出てみよう。食べたことのないものを食べてみるのもいいし、バンジージャンプ発祥の地ニュージーランドで橋の上から飛んでみるのもいい。旅で大切なのは新しい経験をすることだ。はるばる訪れた旅先で何も新しいことをしないなら、大事なものを逃してしまうことになる。

16　旅でポイントが貯まるクレジットカードを使おう。旅の魅力を知ったなら、それに適したクレジットカードを選んでポイントを貯めて、できるだけ得をしよう。少し面倒なところもあるが、ポイントを貯めないとお金を無駄にすることになってしまう。そうしたカードはかなりお得で、率直に言って、最大限の利益が得られる。わたしは何年もそれを続けていて、この一〇年で実際に料金を払ったフライトは五回にも満たないし、一〇〇万マイルは貯めている。どのカードがいちばんいいかは、比較サイトを調べてみてほしい。

17　旅先で、普段の暮らしを考える時間を取ろう。おそらくこの言葉は読者を戸惑わせるだろう。だがわたしは真面目にそう思っている。普段の生活から数日間抜けだし、目的地を見てまわったら、晩にビールを手にすわり、家での暮らしのことを考えてみよう。その旅で、自分自身や普段の自分の暮らしについて何を知り、それをどう変え、改善したいと思っただろう？一枚紙を用意して、それを書きだしてみよう。内容にはよいものも悪いものも、不快なものもあるだろうが、いずれにせよその試みを楽しめることは約束できる。

18　地域社会に利益をもたらそう。たとえば、離陸するまえに地元の通貨で二〇ドル分をチップ入れに入れるのでも、時間があればボランティアをするのでもいい。地元の人々と時間を過ごすことは新しい目的地へ行くことの最も報われる部分だ。

19　すべてを記録しよう。いろいろなものの写真を撮ろう。もちろんその瞬間を味わうのを忘れない程度にではあるが、帰ったときのためにしっかり思い出を残しておこう。電話で道路の音や、地元のバンドの演奏、自分の会話（もちろん許可を取って）を録音しよう。そんな小さな行動が、生涯、その旅やその場所のことを思いだすのに役立つ。それがまた旅に出る誘いにもなるだろう。

著者

Daniel Houghton

ダニエル・ホートン

ロンリープラネットの元CEO、講演者。生まれたときから旅をしており、これまでに35か国以上を訪れ、仕事での移動距離は300万キロメートルを超えている。フォトジャーナリストとしてシアトル・タイムズやAP通信、アメリカ陸軍広報部での仕事をしたのち、ロンリープラネットに加わった。2017年にはフォーブス誌の「メディア業界を変える30歳未満の30人」に選出されている。講演者としては、Booking.com、グルーポ・ビダンタ、ノーベル平和賞受賞者世界サミットの基調プレゼンテーションのほか、旅の専門家としてCNBCにレギュラー出演している。テネシー州ナッシュヴィル郊外の農園で暮らす。

翻訳

岩崎晋也

いわさき・しんや

翻訳者。訳書に『トレイルズ　「道」と歩くことの哲学』、『雲の上へ　6日間でエベレスト2度登頂の偉業への道』(以上エイアンドエフ)、『世界ではじめて人と話した犬　ステラ』(早川書房)、『アメリカン・ベースボール革命　データ・テクノロジーが野球の常識を変える』(化学同人)など多数。

旅は人生を変える

2023年 6月15日 第1刷発行

著者
ダニエル・ホートン

翻訳
岩崎晋也

発行者
赤津孝夫

発行所
株式会社 エイアンドエフ

〒160-0022 東京都新宿区新宿6丁目27番地56号 新宿スクエア
出版部 電話 03-4578-8885

装幀
明石すみれ［芦澤泰偉事務所］

編集
宮古地人協会

印刷・製本
中央精版印刷株式会社

Published by A&F Corporation
Printed in Japan
ISBN978-4-909355-37-9 C0026